ESTRUCTURAS DE LA MEMORIA

APUNTES DESDE LA CIUDAD

Armando García Orso

"Hablar de la ciudad es hablar del espacio vital de la cultura, donde se desarrollan las relaciones sociales, la comunicación, la creación artística, los desencuentros, la violencia, es llamar la atención a no perder de vista el espacio que nos permite ser libres, que nos permite a fin de cuentas ser".
Armando García Orso

Fotografía de portada: Alfonso Lorenzana

Presentación

Estructuras de la memoria, apuntes desde la ciudad, nace a partir de una serie de colaboraciones en el suplemento cultural *Identidad* del periódico *El Mexicano* de la ciudad de Tijuana, Baja California, México. Este suplemento semanal, fundado por el Prof. Rubén Vizcaíno (+), es coordinado actualmente por el. periodista Jaime Chaidez de quien recibí la invitación de participar en él. Es interesante hacer notar que este suplemento tiene la característica única de ser abierto y plural, donde coinciden distintas visiones sobre el tema cultural. Para mí la ciudad es el centro de la acción, donde se generan los procesos culturales, donde se discute, se analiza, se planea y se crea. El lugar donde se rompen los paradigmas así como se construyen. En la ciudad se crean derechos y responsabilidades, que nadie conoce o que nadie asume y esto es un motivo de escribir sobre ello. La visión política de la ciudad es otra faceta necesaria de analizar, en ocasiones ausente, en ocasiones equivocada que sin embargo el ciudadano padece o disfruta las consecuencias. Recorremos la ciudad a diario con mayor o menor cobertura y se nos escapan los detalles, aquellos desde donde la ciudad se manifiesta más abiertamente, desde donde podemos observar la realidad de manera más cercana. Estos apuntes pretenden ser la llamada de atención, el consejo al oído, o el grito desesperado. O bien puedes ser el instante de gozo al descubrir que la ciudad es algo más de lo que pensamos, o descubrir al ciudadano que sí la observa y la disfruta. O conocer al ciudadano que colabora para que la ciudad cambie, que tenga otro rostro, más amable. Que estas *Estructuras de la memoria* permanezcan ahí…en la memoria. No como apuntes sino como pequeñas señales de rumbo. Al fin la ciudad es de todos, y como tal todos somos responsables de ella. La queremos o la odiamos, pero es al fin nuestra única ciudad.
Armando García Orso

EL PLACER

y la ciudad

"Más vale perderse en la pasión, que haber perdido la pasión" *Kierkegaard*

PLACER m. Alegría, contento (V. Dicha y júbilo) Diversión, entretenimiento. (lat. Placere) Agradar, gustar.

Es un hecho que nos han educado con temor al placer, especialmente los líderes religiosos que nos han inculcado el sufrimiento como medio a la redención y cuando escuchamos la sola palabra placer nos volteamos a ver si alguien escucha o si la escuchamos volteamos a ver quién la mencionó. Asociamos el placer al sexo y sin embargo el placer lo podemos encontrar en los pequeños detalles de todos los días, sólo hay que aprender, como lo decía el maestro *Ouspensky*, a observar nuestro entorno. Así comenzamos a observarnos. Desde luego, nos olvidamos de observar cuando retomamos la rutina de todos los días. Cuando estamos nuevamente en la calle y comenzamos a correr, a apurarnos sin descanso, o cuando vemos que los entretenimientos tienen más fuerza seductora sobre nosotros mismos. Pero no ha de faltar el instante de hacer un alto en el correr de la vida, buscar el silencio y encontrar la oportunidad de observar todo nuestro entorno. Recordamos que una vez al observar hemos descubierto algo. Por pequeño que haya sido, nos puede representa un gran placer. Además a través del placer habremos encontrado una relación entre el mundo propio con el mundo externo. En el libro "Semilla de Áloe" de *José F. Ruiz Mata* podemos encontrar la ciudad como motivo de placer: "Sentí los olores de la madrugada: jazmín y azahar mezclados con los contenedores y esquinas orinadas. Olor a humanidad desde algún balcón abierto al frescor y la calma. Miré hacia arriba y las estrellas se escondían entre las azoteas y los tejados, jugaban a ocultar sus nombres, a dejarse guiar por el espacio entre callejones y plazoletas. Evoqué por unos instantes alguna parte de la Séptima sinfonía de Beethoven, pero sólo fue la ráfaga de un antiguo recuerdo". Es evidente que las ciudades resultan atractivas debido a una gran cantidad de razones, ofrecen experiencias inalcanzables en cualquier otro medio y esto las convierte en una fuente de placer. Dada la complejidad del origen de sus habitantes la experiencia placentera puede ser distinta, los factores personales determinan en gran medida la experiencia. Un residente de muchos años de Tijuana podrá gozar de manera especial saborear los burritos del Bol Corona, las tortas del Car-Wash (1968) o los tacos de la Especial (1952), jugar una partida de ajedrez en el Parque Teniente Guerrero o asistir al cine club de la Casa de la Cultura en la colonia Altamira y los más nuevos residentes van encontrando otros nichos de placer de la ciudad. La figura del paseante o *flaneur* presentada por Baudelaire como un personaje que recorría los bulevares y galerías en el siglo XIX encontrando regocijo y placer en el simple hecho de deambular sin rumbo o propósito alguno. Para el *flaneur* la ciudad era una vitrina con continuos y cambiantes puntos de fuga, era un lector y traductor del paisaje urbano ahora remplazado por la imagen animada donde la caminata es remplazada por el zapping con el control remoto de la televisión. En la película "Vivir en la ciudad" del director *Claudio Bartel* la historia se detiene en esos pequeños instantes de la vida de una ciudad que suelen pasar desapercibidos: una pareja de ancianos esperando a su hijo, un beso robado en una esquina, encuentros y despedidas. Sólo gente. Gente que trabaja, estudia, siente. Son las personas que hacen de una ciudad, un lugar para vivir. Se rescatan momentos precisos de la vida de los habitantes donde sobresalen los elementos de la vida cotidiana de la ciudad, elementos que todo el mundo ve y conoce, pero de los que no se tiene conciencia generalmente por la incapacidad de observar. Esta película habla del valor de las pequeñas cosas de la vida, habla de personas que no necesitan cenar afuera para ser felices. Habla de gente que sueña a pesar de las dificultades, habla de gente que encuentra el placer de la ciudad día a día. El placer en la ciudad nos compromete a ser responsables con la misma, a exigir a las autoridades, empresarios y ciudadanos en general que se cuiden los detalles de la ciudad por más pequeños que éstos sean. Pasear al perro, salir a hacer ejercicio, recorrer la avenida de la mano de la pareja, escuchar en silencio el murmullo de las olas, bailar al compás de la música del vecino, la carne asada en el parque, el disfrute del concierto en la explanada, la celebración de las fiestas populares hacen una ciudad segura…y placentera. Vivir en la ciudad es un momento de placer e intimidad.

Tu casa…
¿Es tu casa?

"Porque yo ya no soy yo, ni mi casa es
ya mi casa"
Federico García Lorca

A través del cine de Hollywood se creó la imagen de la casa, allá por los años 50's, respaldada por los grandes inversionistas inmobiliarios: una casa en las afueras de la ciudad, rodeada de pasto, sin rejas, con la escuela y el centro comercial cercanos como destinos obligados. Antes en 1940 en México el arquitecto *Hannes Meyer*, ex director de la Bauhaus, escuela de gran influencia en Europa y posteriormente en el mundo entero, escribía un artículo titulado "El espacio vital de la familia" en el que plantea que para las masas de trabajadores del pueblo mexicano, la renovación de las formas de vivienda de carácter rural y urbano constituye un problema esencial en el cuadro de las condiciones de vida de un "México nuevo". Las nuevas formas de vida de la familia mexicana pueden ser modeladas en el sentido de de una morada mejor sólo si se investiga metódicamente en el espacio vital de la familia y si de los resultados de este trabajo de investigación se sacan las consecuencias para el acondicionamiento de la célula habitable, bloque de vivienda y zonas de habitación. Como podemos observar en la actualidad esta proyección social de la arquitectura se ha ido desvaneciendo con proyectos que sólo responden a las presiones de la especulación inmobiliaria. En 1951 *Heidegger*, filósofo alemán, afirmaba que la verdadera crisis de la vivienda no consistía que hicieran falta viviendas, y lo manifestaba cinco años después de una guerra que destruyó millones de casas, sino que "la verdadera crisis de la vivienda reside en que los mortales están aún buscando el ser de la vivienda, y en que les hace falta, ante todo, aprender a habitar". En 1975 el arquitecto inglés *Christopher Alexander* lleva a cabo un proyecto de vivienda en Mexicali, Baja California, donde las futuras familias usuarias de estas viviendas participan en el diseño y la construcción de las mismas, para de esta manera las viviendas respondan a las necesidades específicas de cada familia, cinco en total en este proyecto. El arquitecto Alexander basa su iniciativa en que "el verdadero significado de la belleza, la idea de la casa como un lugar que expresa la propia vida, directa y simplemente, la conexión entre la energía de la gente y la forma de sus casas, la conexión entre la fuerza de los movimientos sociales y la belleza y el vigor de los lugares donde vive la gente, todo esto se ha ido olvidando y se contempla sólo como lo imaginado en una época de oro pasada…tratamos de realizar un proceso de edificar una vivienda en donde los sentimientos humanos y la dignidad humana estuvieran al frente, un proceso fundamentalmente humano en donde la gente integra sus valores con ellos mismos, en donde se forman lazos sociales, en donde ellos hacen raíces en la tierra, en donde las casas que se construyen tienen sobre todo significado humano, en donde simplemente la gente se sienta feliz y orgullosa de habitarlas y que no las dejarán por nada porque son sus casas, porque son producto de sus vidas, porque la casa es todo para ellos, la exacta expresión de su lugar en el mundo, la exacta expresión de sí mismos". Tuve la oportunidad 15 años después de realizado el proyecto de hacer una entrevistar a los habitantes de este proyecto, con el apoyo de la licenciada en trabajo social *Inés Favela* quien fue a Mexicali a realizarla, la experiencia fue conmovedora y gratificante, los propietarios estaban orgullosos de sus viviendas, uno de ellos platicaba que se había tenido problemas económicos pero que encontró un rincón en su hogar perfecto para la lectura, junto a una ventana, donde se capacitó leyendo manuales de electricidad que le permitió iniciar una oficio productivo y dejar los problemas económicos por un lado, otra vivienda se quemó totalmente y la familia la volvió a construir exactamente igual que la original y cuando se les preguntó por qué no le habían hecho modificaciones tantos años después se limitaron a contestar que porque simplemente esa era su casa. Para entonces se habían construido unas unidades de condominios del INFONAVIT, muy cerca de este conjunto, que les costó más a sus propietarios (en el conjunto del arquitecto *Christopher Alexander* las casas individuales no rebasaron los 35,000 dólares), además las familias del conjunto adquirieron en el área un status distinto. Este episodio fue significativo y seguirá siéndolo para la arquitectura regional y sin embargo está relegado al olvido, parece que los colegios de arquitectos y las universidades no aprendieron nada de esta experiencia. En el 2002 el arquitecto *Alejandro Hernández Gálvez* en su excelente escrito "Notas sobre la casa" en la # 5 escribe: "Yo soy mi casa, el lugar donde habito, ahí donde soy y estoy. Estar en mi propia casa es estar conmigo mismo." Y en la nota # 6: "Tu casa, le dice a Dorothy la bruja buena del sur – ¿o es del norte?- en el Mago de Oz cuando está a punto de hacerla volver a ella, tu casa es ahí donde está tu corazón, Yo soy mi casa dice Pita Amor, tu casa está en tu corazón dice la bruja ". *Tu casa ¿es tu casa?*

La ciudad en el espejo…

"El ciudadano en la cultura"

El título es de *Magela Cabrera Arias*, que habla precisamente de cómo la ciudad es reflejo de la realidad cotidiana y de sus pobladores. A medida que los ciudadanos participan activamente en los diferentes ámbitos de la ciudad ésta modifica su reflejo. El eje primordial de los cambios por venir radican en la gestión cultural, la única vía para borrar el déficit: el estrés y la agresividad en el tráfico, principalmente en los embotellamientos por toda la ciudad, falta de parques y lugares de recreación, un inadecuado sistema público de transporte, la invasión del mismo de la vía pública, ausencia de espacios verdes, una contaminación visual increíblemente fuera de todo control, como si no existiera autoridad responsable al respecto, contaminación auditiva a la que nadie pone atención, hacinamiento de la vivienda, nula infraestructura cultural en los núcleos urbanos mayoritarios, falta de capacitación técnica a la población de bajos recursos. Gracias a los esfuerzos de los gestores culturales independientes, que han logrado entender que la gestión cultural es un asunto de visión global cuyo fin es la ciudad y sus ciudadanos y no el compromiso político y el entretenimiento, esta ciudad puede esperar grandes cambios, a pesar y en contra de la ausencia y lentitud de respuesta de las autoridades donde, para salud de todos, deberán emerger cuadros ciudadanos para ejercerla. La gestión cultural requiere una capacitación puntual y la práctica responsable de la misma, no es cuestión de gustos, ni capacidades administrativas y vemos con gusto nuevas generaciones capacitándose en ella, se requieren profesionales capaces de dinamizar estrategias de captación de públicos y de gestión del patrimonio, entender el sentido y alcance de la cultura, su producción y consumo y tener sensibilidad al aspecto económico de los contenidos de las industrias y mercados culturales con una visión de largo alcance. Hay ejemplos interesantes de iniciativas ciudadanas, principalmente en Latinoamérica, como la "Alianza Pro Ciudad", en Panamá, en la que reconocen la ciudad como "la casa de todos" y pretenden fortalecer la participación ciudadana en la toma de decisiones e incidir en la creación de mecanismos para la preservación de los sitios históricos. Esta misma fuerza ciudadana ha logrado modificar las políticas culturales en diversos gobiernos como en la Secretaría de Cultura de Bogotá, en Colombia, entidad certificada por su Sistema Integrado de Gestión por la firma *Bureau Veritas*. No en vano la ciudad ha sido reconocida en los últimos años como Capital Mundial del Libro 2007; Capital Iberoamericana de la Cultura 2007; Premio León de Oro en la Bienal de Arquitectura de Venecia, premio como mejor ciudad, reconocimiento entregado a la ciudad más inteligente, que mira el futuro de un modo serio, y con la mención especial del II Concurso Internacional Ciudades Activas- Ciudades Saludables por su red de 121 kilómetros de Ciclovía y 20 puntos de actividad física denominados recreovías, que cada domingo convoca a más de un millón de ciudadanos. La ciudad cuenta con apoyos a iniciativas ciudadanas que buscan fortalecer los procesos de organización social y comunitaria que promueven la transformación de hábitos, actitudes y prácticas que mejoren la convivencia ciudadana y la cultura democrática, fundamentados en el respeto de los derechos humanos, la solidaridad, el respeto por la diferencia y la inclusión social. el programa "Siga, esta es su Casa", que permite el acceso gratuito de toda la población a los principales museos y sitios de interés; con el programa "Libro al Viento", que ofrece millones de volúmenes que circulan gratuitamente en parques, hospitales y plazas de mercado, fomentando así el hábito de la lectura entre los bogotanos; con una Orquesta Filarmónica que ha sido la única en su género en recibir un premio Grammy Latino; con las temporadas artísticas de Salsa, Jazz, y Ópera al Parque y con un calendario de actividades que tiene siempre algo que ofrecerle a todos sus habitantes y turistas. Es interesante hacer notar que los planes en materia de cultura que empiezan a trascender en sus entornos están basados en la Agenda 21 de la Cultura, que fue aprobada el 8 de mayo del 2004 en Barcelona, por ciudades y gobiernos locales de todo el mundo comprometidos con los derechos humanos, la diversidad cultural, la sostenibilidad, la democracia participativa y la generación de condiciones para la paz. En marzo de este año, 2009, se reunió en la ciudad de Buenos Aires, Argentina, el Consejo Directivo de la Red Cultural Mercosur, red latinoamericana de arte para la transformación social que cuenta con más de 400 miembros individuales e institucionales de Argentina, Bolivia, Brasil, Chile, Paraguay, Uruguay, Guatemala, Costa Rica, Honduras y Venezuela consecuencia directa de la Agenda 21 y un ejemplo de la participación ciudadana en la cultura. El ciudadano en la cultura, la cultura para el ciudadano, como eje de transformación social.

1968… el Mundo de la Vida

"Sólo se puede ver lo invisible si se lo está buscando". *Sherlock Holmes*

Una parte del título de este escrito alude a lo que el filósofo *Edmund Gustav Albrecht Husserl* llamaría *Mundo de la vida*, un sentido compartido, incuestionado pero cuestionable, un manantial inacabable, decía, del que beben estructuras simbólicas como el lenguaje, el mito, el arte. El año refiere a *Castoriadis* para el que 1968 es el año en que se posiciona el término imaginación en boca de todos a raíz de las manifestaciones inicialmente juveniles que se tomaron las calles de París, Praga y México, con pancartas que abogaban por llevar la imaginación al poder. A raíz de esto un término generalmente asociado a lo irreal era por primera vez arrastrado a lo real. Es en este contexto en que surge el concepto de imaginarios sociales. Lo real, para *Castoriadis*, es aquello generado por cada sociedad mediante un proceso de institucionalización de elementos imaginarios. Pensamos, imaginamos, soñamos y finalmente nombramos lo invisible, y con ello, tal como al *Golem de Praga*, un ser animado fabricado a partir de materia inanimada, logramos darle vida, pasando a formar parte constituyente de la realidad social. Una característica de los imaginarios sociales es que se encuentran básicamente enfocados hacia el futuro, lo que nuevamente establece una distinción con otros conceptos que se utilizan en el mercado de los estudios culturales y sociales, tales como conciencia colectiva y representaciones sociales. El imaginar estaría vuelto hacia adelante, lo que, para el influyente filósofo francés *Gaston Bachelard*, lo diferenciaría e incluso opondría a operaciones mentales como pensar, que se detiene en el presente, y soñar, que sería una construcción tejida con retazos del pasado. La intención siempre de abordar, a través del texto o de una exposición, un momento histórico, una corriente de arte o un pensamiento es generar el diálogo, contrario a lo que un espectador comentaba al ver una imagen de guerra en una obra de arte, lo que le parecía "promover la violencia" ignorando una realidad a la que hay que enfrentar y no esconder la cabeza en un agujero. Imaginar desde la realidad nos lleva a actuar. Los imaginarios, por otra parte, sirven también para explicar, percibir e intervenir la realidad, en una lucha de tensiones que se da entre el Estado, el mercado y las empresas de construcción de realidad como las instituciones religiosas, educativas, y las comerciales de la moda. Archivos Ciudadanos de América Latina. Proyecto Imaginarios Urbanos de *Armando Silva*, es un ejemplo importante, propone un acercamiento a una de las formas en las que se ha querido entender cómo los ciudadanos representan sus ciudades a la vez que construyen nuevas relaciones con ellas. Este espacio de consulta, configurado inicialmente para la Fundación Antoni Tàpies en Barcelona, y que luego se reformula acondicionándose a su nuevo contexto, apoyado por el Convenio Andrés Bello, da acceso al conjunto de intuiciones, registros, escritos, libros y análisis que componen y materializan el proyecto, con la intención de mostrar y debatir lo que sobre imaginarios urbanos se ha dicho, y utilizando una práctica concreta geográficamente localizada. Dirigido por *Armando Silva* y llevado a cabo por un gran número de colaboradores en las diversas ciudades estudiadas, el proyecto cuenta ya con una larga andadura y una gran cantidad de material recopilado en sus distintas fases, un material que en su diversidad y heterogeneidad ya da una idea cabal de los retos y dificultades de la tarea acometida. El proyecto se materializa con la publicación de los libros de cada una de las ciudades investigadas: Bogotá imaginada Santiago imaginado, Barcelona imaginada, Montevideo imaginado, Quito imaginado, Sao Paulo imaginado, La Paz imaginada, Buenos Aires imaginado, Ciudad de México imaginada (estudio coordinado por *Miguel Ángel Aguilar*, profesor e investigador en la Licenciatura de Psicología Social en la Universidad Autónoma Metropolitana-Iztapalapa (UAM) , Caracas imaginada, Lima imaginada, Asunción imaginada, Ciudad de Panamá imaginada. *Armando Silva* explica los principios metodológicos que se han aplicado en los trabajos sobre imaginarios urbanos que se han llevado a cabo hasta el momento. Estos trabajos se inician con la obtención y el procesamiento de datos estadísticos a través de una serie de formularios realizados con una técnica que detecta lo que Silva denomina "puntos de vistas ciudadanos". Piensa que lo que importa no es buscar las estructuras del lenguaje sino analizar qué es lo que se quiere decir, la enunciación, cuando se dice algo, esto es, centrarse en el significado social y en las intencionalidades de los mensajes. La teoría de los imaginarios urbanos trata de estudiar cómo se enuncia, cómo se significa en una colectividad la ciudad desde una serie de determinantes narrativos, de puntos de vistas ciudadanos que se cruzan entre sí. Un ejercicio que sería interesante hacer en nuestra ciudad.

PAISAJES CULTURALES
El reto del siglo XXI

"en la identidad del territorio está su alternativa de intervención" *Joaquín Sabaté*

Hemos comentado en varias ocasiones el impacto de la cultura en la vida urbana, pero ¿qué sucede cuando se reúne el binomio cultura-naturaleza? Este binomio es precisamente la nueva aproximación del manejo del territorio en el siglo XXI y su principal reto. Como lo ha indicado *Joaquín Sabaté*, investigador chileno radicado en España: parece que el fracaso del urbanismo científico derivado de una obsesión por el apoyo en disciplinas como la economía o la sociología, desde herramientas como las variables poblacionales o el deslumbramiento por los resultados de encuestas, principalmente desarrollado en la última mitad del siglo XX, se ha transformado paulatinamente hacia un interés por la interpretación de las singularidades de cada contexto como medio de intervención. El sentido común, es decir, la puesta en valor de las particularidades de cada lugar, lo más obvio, lo que queremos ignorar por su inmediatez, parece haberse convertido en el medio para encontrar el fundamento de planes y proyectos. En este contexto adquiere vigencia una definición de arquitectura del siglo XIX de *William Morris*: "La arquitectura abarca toda consideración del ambiente físico que rodea la vida humana. No podemos quedarnos al margen en tanto que formamos parte de la civilización, porque la arquitectura es el conjunto de modificaciones y alteraciones producidas en la superficie de la tierra para satisfacer cualquier necesidad humana..." considerando así que la calidad del entorno es un elemento esencial para la calidad de vida de los individuos y las colectividades es que se deriva el interés por el manejo contemporáneo de los paisajes. El término *Paisaje Cultural* aparece en escritos de historiadores o geógrafos alemanes y franceses de finales del XIX pero la acepción actual del concepto *paisaje cultural* no aparece hasta principios del siglo XX. La UNESCO celebra en 1972 una convención para la protección del patrimonio natural y cultural, antecedente de su política de paisajes culturales, que cristaliza 20 años después. Toda sociedad dinámica transforma de manera inevitable el paisaje, de forma que el intento de conservar intacto un paisaje humanizado –como si de una pieza de museo se tratara- acaba resultando imposible. Así que permanecer impasibles ante el manejo irracional de nuestros paisajes o dejarlos sin intervenir no es una buena alternativa. En nuestra región contamos con un área natural, el *Valle de Guadalupe*, con la gran necesidad de ser analizado y regulado bajo el principio contemporáneo de *paisaje cultural* por su importancia para el estado y para el país.

En la perspectiva de los paisajes culturales la región del *Valle de Guadalupe* puede interpretarse desde posiciones interdisciplinarias diversas como lo son la historia, la geografía, la economía, la industria, los estudios territoriales, el urbanismo y la arquitectura. El concepto de paisaje cultural se aplica a un ámbito geográfico asociado con eventos, actividades, personajes históricos, asentamientos, edificios, como signos de una ocupación del territorio, que contienen valores estéticos y culturales. Además de casos europeos y norteamericanos, se encuentran buenos ejemplos en Latinoamérica. Los más significativos de estos ejemplos sugieren que la gestión inteligente de los recursos patrimoniales está suponiendo uno de los factores clave para su desarrollo económico, al atraer turismo e inversiones, generar actividades y puestos de trabajo y reforzar la autoestima de la comunidad. Sin embargo, para que esta concepción adquiera sentido resulta indispensable el impulso de una cultura del paisaje. El paisaje no es sinónimo de verde, el paisajista no es un jardinero con alto estatus, el paisaje somos todos, el paisaje se transforma en la medida que nos movemos. La interpretación del paisaje es fundamentalmente un hecho cultural, significa un reconocimiento de nosotros mismos de nuestros defectos, de nuestras virtudes y de la huella que esos defectos y esas virtudes han dejado en nuestro entorno inmediato, donde los residentes constituyen los principales recursos, los recuerdos son recursos culturales básicos, donde resulta habitual la constitución de un grupo impulsor, donde resulta conveniente crear lugares de encuentro, plataformas de comunicación, donde hay que definir claramente los objetivos de toda intervención, donde resulta imprescindible explicar una historia, donde resulta crucial definir una clara estructura física y definir los límites visuales de la intervención. Este es el único camino para un área de condiciones frágiles pero con un gran potencial, llena de significados y enormes proyecciones económicas y culturales. Más adelante trataremos el proyecto de las rutas del vino asociado al paisaje cultural y en esta línea los paisajes culturales, como lo dice el mismo *Sabaté*, están llamados a jugar un papel relevante, porque constituyen la expresión de la memoria, de la identidad de una región, identidad como proyecto abierto que se puede ir enriqueciendo sucesivamente, para beneficio de todos.

Las Rutas del Vino… la nostalgia y la emoción.

"El alimento ha sido en la historia más que sólo un alimento, tiene un significado social, emocional y simbólico".

Es una mezcla de calidad, herencia, naturaleza y arte. El alimento es una proyección del pueblo que lo produce y elabora. Es producto rural ligado al campo donde los agricultores son un factor muy importante del mismo. El alimento forma parte del patrimonio de los pueblos. En el imaginario del consumidor los productos alimenticios consumidos en el mundo rural están cargados de nostalgia, de las cosas buenas que se han perdido. Durante la última mitad del siglo XX se ha producido un cambio estructural en el modo de apreciar la comida por parte de los turistas. Si antes los viajeros no estaban interesados en los alimentos extraños de las latitudes desconocidas que visitaban, ahora buscan tener nuevas experiencias y prueban los platos con colores y sabores locales. Las Rutas Alimentarias, o gastronómicas son vías interesantes para lograr el objetivo. Las rutas gastronómicas francesas tienen desde los años ´80 un singular éxito. En 1997 se registraron 270 rutas, aunque una significativa cantidad carece de estructura. Se han contabilizado 60 rutas de productos alimenticios varios, otras 60 dedicadas a quesos y unas 130 a vinos y otras bebidas (cerveza, sidra, coñac, etc.). Evidentemente el vino es el rey cuando se trata de rutas turísticas. En Argentina se desarrolló conjuntamente con el Ministerio de Turismo, el programa *Saborea Río Negro*, compuesto por las siguientes 5 rutas alimentarias: *Ruta de los Vinos de la Patagonia, Ruta de los Sabores de la Cordillera, Ruta de la Pera y la Manzana, Ruta de la Carne Ovina y Caprina y Ruta de los Sabores de la Costa*. En Baja California se promueve la *Ruta Gastronómica*, sin ser propiamente una ruta sino una descripción de alimentos y su origen, como el mercado de mariscos de Ensenada, los quesos de Real del Castillo, la cerveza Tijuana, la langosta de Puerto Nuevo, la ensalada Cesar's de Tijuana, la cocina rusa del Valle de Guadalupe, el chorizo de abulón de la Isla de cedros entre otras menciones. El turismo y los alimentos como industrias culturales evidencian un fuerte crecimiento en su demanda revalorizando de esta manera los recursos locales. Las *Rutas del Vino* dentro de esta industria cultural se asocian erróneamente a la visita de las bodegas reduciendo así su significado, como reducir la gastronomía a la cocina. A lo anterior se debe la inclusión, en las rutas gastronómicas, de los centros de interpretación, para dar al visitante una visión amplia de su impacto cultural. Si por vitivinicultura se entiende generalmente una actividad industrial de base agrícola, en realidad es mucho más que eso, porque a lo largo del tiempo se ha consolidado en torno a ella un complejo entretejido de formas culturales, que se manifiestan en la organización y dinámica de cambios del espacio productivo, en la formación de paisajes, en la articulación de las relaciones sociales, en la mentalidad de la gente, sus usos y costumbres, su creatividad, en el imaginario colectivo, en sus valores, orgullos y pertenencias, en sus enlaces con el pasado y el futuro y en sus vinculaciones con el mundo. La vitivinicultura es una forma de cultura en sentido amplio, que marca y distingue fuertemente la identidad del lugar. Con tal fundamento podemos hablar de una *cultura de la vid y el vino*, como creación colectiva, llena de vitalidad, que abarca los campos de las artes, de las ciencias, del trabajo, de las celebraciones, de los vínculos de sociabilidad. También podemos hablar de los *paisajes culturales de la vid y el vino*, fuertemente asociados a los oasis productivos del campo, donde se inserta el rico patrimonio arquitectónico de los cascos bodegueros en las zonas antiguas y el nuevo paisaje arquitectónico contemporáneo y donde se desarrollan esos usos, costumbres y tradiciones sociales que dan rasgos constantes al curso cotidiano de la historia y dan testimonio de una mentalidad particular, relacionada con el trabajo. Las *Rutas del Vino* comenzaron a aparecer en los años 1990 como un intento para aumentar las ventas en la viña mientras intentaban estabilizar y diversificar sus ingresos. A pesar de los esfuerzos públicos y privados hubo varios intentos iniciales, tanto locales como regionales, que no fructificaron. Sobre la partida en falso inicial resurgieron en la presente década con nuevos bríos y con enfoques más focalizados sobre el visitante a la viña que en el comprador de vinos. Así, las Rutas del Vino han logrado despegar después de una década de búsqueda de su identidad y su vínculo entre el negocio del vino y del turismo. Las viñas australianas y norteamericanas se han planteado objetivos más profundos y han recurrido al turismo basado en el vino como una oportunidad para contribuir a la formación de lealtad hacia la marca del vino. En los valles de Napa, en California, (EEUU) han identificado el turismo como una herramienta activa de marketing. En Chile y Argentina las *Rutas del Vino* se consolidad día a día como parte integral de la promoción turística del país. El vino es un producto emblemático que genera cada vez mayor interés y, sin duda, los medios de comunicación han contribuido a ello. En este contexto, el enoturismo cumple el rol de dar a conocer la cultura del vino mostrando la actividad vitivinícola en el medio rural y ofreciendo el territorio como un todo (cultura, paisaje, servicios). Asimismo, la práctica del turismo del vino contribuye a valorar el consumo diario moderado del vino y brinda, además, conocimientos específicos que son reconocidos y valorados socialmente. Frente a una oferta de turismo vitivinícola adaptada a las necesidades o expectativas de los distintos tipos de turistas, es posible cautivar su atención y lograr que visiten alguna zona vitivinícola. La clave en este proceso es conocer el comportamiento, los objetivos y las necesidades de los turistas potenciales y emplear dicho conocimiento en el desarrollo de una propuesta de valor que logre cautivar el segmento deseado. El Valle de Guadalupe tiene frente a sí un futuro prometedor, entender el sentido y el valor de las *Rutas del Vino*, paralelamente al concepto de *Paisaje Cultural* dará certeza a este futuro.

El paisaje como realidad

"La vista humana es individualmente deliberada y está culturalmente condicionada. El amante ve sólo el encanto del/de la amado/-a, los habitantes de las ciudades de latitudes templadas no ven la amplia variedad de superficies nevadas que componen los paisajes polares habitados por los esquimales". *Denis Cosgrove*

Cuando realicé mi tesis de arquitectura, en un primer acercamiento al problema, tracé las condiciones geográficas, niveles de terreno, trazo vial, condiciones climáticas, antecedentes históricos-urbanos de la zona para partir de aquí al proyecto. Sin embargo al entrevistar a los habitantes de la zona, llamada *Unidad Miravalle*, me di cuenta que la percepción de los mismos era distinta a la mía. Comenzaron por describirme sus rutas peatonales en el terreno, las relaciones sociales en el área, puntos de encuentro para socializar, zonas negativas, costumbres y hábitos que conformaban el entorno. Cuando comenté esto a uno de mis asesores, éste me recomendó unos libros de psicología ambiental, ciencia que en ese momento no era muy conocida y este encuentro con la psicología ambiental me obligó a replantear desde sus cimientos el proyecto. Si yo hubiera tomado unas fotografías del paisaje mencionado serían completamente distintas a las que hubiera tomado uno de sus habitantes, porque la percepción de paisaje es distinta. Lo mismo sucedería si un artista buscase un ángulo de este paisaje para su obra, también sería distinto basado en su necesidad de expresión. Sin embargo hay un conjunto de elementos comunes a todos, elementos que conforman el espacio del paisaje. Estos elementos tienen vinculaciones físicas y psicológicas con la mente humana. Las hipótesis de *Proshansnsky, Ittelson y Rivlin*, base de mi tesis, hablan de cómo la conducta humana en relación a un medio físico es duradera y consistente respecto al tiempo y a la situación lo que nos hace posible identificar pautas características de conducta que corresponden a ese medio, la misma relación revela diversidad con respecto al espacio en cualquier momento. En el mismo espacio puede haber distintas conductas, lo que nos hace claramente percibir una influencia recíproca espacio-usuario. En un artículo anterior mencioné el Valle de Guadalupe, en Baja California, donde la relación simbólica-cultural es más que evidente, donde el sujeto es indisociable del paisaje, uno depende del otro. Los procesos históricos donde las migraciones a la zona son muy importantes, los misioneros y su influencia religioso-social, los inversionistas en la industria vinícola, los enólogos con visión más a futuro y global y el turismo cultural a la zona conforman el paisaje actual, paisaje que no existiría sin esta simbiosis sujetopaisaje. Hace unas semanas inauguramos la exposición *Cicatrices de la fe: Misiones del norte de la Nueva España 1600-1821*, donde es clara la importancia de la aportación de los misioneros en la cartografía pero sólo se entiende a partir de la visión de los indígenas, habitantes de la zona, y su relación con los religiosos y viceversa. Donde también podemos apreciar la percepción del paisaje por los artistas europeos, los artistas mexicanos, particularmente de la ciudad de México, en el centro de la república, y los artistas indígenas. *Robert Campin*, en *La Natividad de Dijion*, nos presenta la escena religiosa ubicada en un paisaje que es típico del norte de Europa. ¿Por qué elige *Campin* esa precisa parcela de terreno? Si descartamos posibilidades circunstanciales y personales del autor, muy probablemente se deba a que éste terreno respondía a un paisaje con el cual el espectador de la obra se identificase, ya que es un paisaje del norte de Europa, y que además le sería placentero. La definición dada por *González Bernáldez* aporta otro punto de vista, ya que diferencia dos concepciones modernas para el paisaje: una, como la imagen percibida de un territorio, y otra, como un conjunto de elementos relacionados entre sí, fácilmente delimitables y visibles. Con esta definición podemos marcar dos partes básicas dentro del paisaje: la figura del observador, que elige ese paisaje, ya sea como un artista para representarlo o como un espectador directo y el paisaje como un conjunto de elementos. El paisaje como una realidad objetiva sería un medio geográfico que se hace paisaje cuando alguien lo percibe. El medio geográfico habla de vegetación, relieves topográficos, aspectos hidrológicos y climáticos. En la percepción del paisaje no se puede negar su estrecha relación con las actitudes, valores y la incidencia de los individuos en el espacio y en el tiempo. Paisaje igual a medio más sujeto.

El centro en el corazón

"Nuestras ciudades están llenas de espacios olvidados, vacíos urbanos que, sin embargo, cuentan con un enorme potencial para la regeneración del espacio público" *Jaime Eizaguirre*

Siempre que hay elecciones próximas en el gobierno, el tema del centro de la ciudad vuelve a la vida, no siempre así las acciones. Y es lógico que querer asimilar una problemática compleja en un tiempo de campaña es imposible. Se requiere una atención permanente a través de estudios concretos y la suma de un sinfín de acciones específicas. Ninguna acción aislada, por más impactante e interesante que parezca, logrará un cambio significativo ni contribuirá a su mejoramiento. Pasando por alto los escepticismos o el entusiasmo que puedan generar entre los ciudadanos es indiscutible la desconexión que estas maniobras de origen sólo político tienen respecto a los usuarios y residentes y en muchos casos también respecto a los organismos de los propios ayuntamientos que supuestamente deben estudiar, analizar y plantear intervenciones. Produce escalofríos pensar que, bien entrados en el siglo XXI, en un contexto social y tecnológico que permite y fomenta unos grados de participación horizontal jamás vistos hasta ahora, muchas de las decisiones clave que tienen un impacto en el medio urbano y conllevan inversiones (y endeudamientos) millonarios se siguen tomando siguiendo criterios (más que criterios, impulsos) puramente personalistas, carentes en la mayoría de los casos de todo rigor profesional y al margen de cualquier tipo de diálogo y/o participación de los implicados más directos o análisis del entorno, su red de movimientos naturales. Entender el centro de la ciudad exige una revisión seria. *Pablo Aranda* en su artículo *"La ciudad es mil ciudades"* nos dice que el mapa que manejamos no es el territorio que el mapa reproduce. Mi mapa no se corresponde con el mapa que mi vecino, o mi hermano, tiene de la misma ciudad. Los mapas no son los territorios. Los mapas cambian, pueden estar orientados al norte o al infierno, al amanecer o a la derrota. El mapa que delata mis movimientos tiene mucho que ver con mi estado de ánimo, también con las calles que piso, los tabiques entre los que transcurre mi vida más íntima, el edificio que cada mañana me encuentro al salir a la calle, la configuración de éstas, el laberinto que parece terminar en plazas, la salida de este laberinto que parece encontrarse junto al mar. La ciudad condiciona mis pasos, igual que mi estado de ánimo condiciona mi percepción y ésta la ciudad, una ciudad que nunca es igual. De repente nos sorprendemos en un pasaje estrecho, nos giramos hacia la pared, se dibuja en ella una puerta que empujamos y sólo el capricho del escritor hace que entremos en un bar, la casa de nuestros padres, o el domicilio en el que alguien se dispone a cometer un crimen. La Organización Latinoamericana y del Caribe de Centros Históricos (OLACCHI) una organización internacional dirigida hacia una adecuada renovación e innovación del patrimonio de los centros urbanos de la región rescatando, de esta manera, las expresiones culturales propias del territorio Latinoamericano y del Caribe propone elaborar un *Plan de Manejo*, que es el documento guía que señala un conjunto de estrategias en las que se establecen las pautas generales para el uso, preservación y gestión de los centros históricos, que contempla factores históricos, urbanísticos, económicos, sociológicos y técnico-administrativos con el fin de implementar programas y actividades que garanticen y estimulen una coexistencia equilibrada entre habitantes y usuarios con las edificaciones, los monumentos, el espacio público y las instituciones, elaborado por todos: Autoridades, especialistas, habitantes, usuarios, comerciantes, trabajadores, jóvenes, visitantes, adultos mayores, estudiantes, amas de casa, oficinistas, empleados de la zona. La *Declaración de Hanoi sobre Paisajes Urbanos Históricos* del año pasado indica que las universidades tienen una contribución importante para convertir los paisajes urbanos históricos en un extenso nuevo territorio conceptual para explorar, situación en la que hemos insistido y si embargo éstas siguen ausentes del contexto social en que se inscriben. Cientos de Ayuntamientos de todo el mundo ponen en marcha, cada día, nuevos proyectos e iniciativas, mismos que un organismo, *CentroCiudad*, se ha dedicado a registrar y bajo un esquema de suscripción los comparte con otros municipios del mundo. El denominado Programa de Rehabilitación Urbana (PRU) de Bogotá, Colombia, planteó como prioridades básicas las detalladas a continuación:

Dirigir, promover y prestar el apoyo necesario a las iniciativas de carácter social encaminadas a mejorar la calidad de vida de la población. Fomentar la participación pública y privada en los procesos de carácter urbano dirigidos a hacer una ciudad más competitiva. Promover aquellas actuaciones urbanas integrales que, gracias al trabajo conjunto de todos los organismos públicos, demostraran un alto grado de eficiencia a nivel institucional. Y no deberíamos, como dice *Benjamín Castro* para el blog "La Ciudad Viva", dejar de lado las oportunidades que ofrecen la acción directa en las regeneraciones urbanas. Si no aparecen signos, quizás deberíamos plantearnos generarlos de manera autónoma. ¿Somos capaces de generar cambios en el espacio urbano de manera que éste no solo se adapte mejor a nuestras necesidades sino también nos aporte nuevas posibilidades de interacción y socialización? Generar en fin un nuevo modelo de ciudad. Las acciones independientes ya iniciaron… ¿y las otras?

Lo (IN) VISIBLE

"Hace unos años, escuché a un arquitecto asegurar que en el futuro el lujo más inaccesible para un habitante de una gran ciudad no sería el espacio, sino el silencio".
Introducción del blog La Ciudad Invisible

Si hablar de la realidad ya es inquietante, hablar de lo invisible lo es aún más, partiendo que es necesaria la existencia de lo real o visible para que pueda existir lo invisible. Muchas veces, frente a nuestros ojos hay una realidad que para algunos es invisible a pesar de percibir claramente su existencia. Otros simplemente niegan la existencia de un hecho o lo adjetivan sin siquiera estar presente en el espacio que niegan, es decir lo invisible para ellos es fruto de su propia decisión y se hace hasta lo imposible por convencer de esta invisibilidad creada por iniciativa propia. Y si a la invisibilidad la trasladamos a la ciudad lo primero que viene a la mente son los textos de *Italo Calvino*: "¿Qué es hoy la ciudad para nosotros? Creo haber escrito algo como un último poema de amor a las ciudades, cuando es cada vez más difícil vivirlas como ciudades. Tal vez estamos acercándonos a un momento de crisis de la vida urbana y Las ciudades invisibles son un sueño que nace del corazón de las ciudades invivibles". "A este emperador melancólico que ha comprendido que su ilimitado poder poco cuenta en un mundo que marcha hacia la ruina, un viajero imaginario le habla de ciudades imposibles, por ejemplo una ciudad microscópica que va ensanchándose y termina formada por muchas ciudades concéntricas en expansión, una ciudad telaraña suspendida sobre un abismo, o una ciudad bidimensional como Moriana". Y Alguien comenta en un blog: ¿Una Ciudad Invisible? ¡Qué idea tan cruel! ¿Cómo ocultaremos entonces nuestras malas intenciones? En el blog *La Ciudad Invisible-la más habitable de todas las ciudades-*se dice que lo que nos es familiar se convierte en invisible y que hacer teatro, al contrario, ilumina el escenario de nuestra vida cotidiana, y yo añadiría que el arte es como el reflector que le da sentido y certeza a lo invisible. En el blog *Cuaderno de Bitácora de la Ciudad Invisible* leemos una frase inquietante: "Con el desembarco en toda regla, de los rayos de sol sobre la cubierta de esta nave errante, nuestro cuerpo muda de piel…lejos de parecernos a reptiles falsos y peligrosos, nuestra epidermis torna a membranosa y nos sumergimos en las profundidades para continuar en pos de la utopía…" donde sólo nos resta darle visibilidad al cuerpo o a la utopía. *Néstor García Canclini* en la *Ciudad Invisible, la Ciudad Vigilada* nos dice: "¿Cómo nos arreglamos para vivir a la vez en la ciudad real y la ciudad imaginada? Todas las ciudades presentan una tensión entre lo visible y lo invisible, entre lo que se sabe y lo que se sospecha, pero la distancia es mayor en las megalópolis. La primera oscilación entre lo visible y lo invisible se muestra como tensión entre la ciudad experimentada físicamente y la ciudad imaginada. Nos damos cuenta de que vivimos en ciudades porque nos apropiamos de sus espacios: casas y parques, calles y viaductos. Pero no recorremos la ciudad sólo a través de medios de transporte sino también con los relatos e imágenes que confieren apariencia de realidad aun a lo invisible: los mapas que inventan y ordenan la trama urbana, los discursos que representan lo que ocurre o podría acontecer en la ciudad, según lo narran las novelas, películas y canciones, la prensa, la radio y la televisión. La ciudad se vuelve más densa al cargarse con fantasías heterogéneas. La urbe programada para funcionar, diseñada en cuadrícula, se desborda y se multiplica en ficciones individuales y colectivas. Esta distancia entre los modos de habitar y los modos de imaginar se manifiesta en cualquier comportamiento urbano. Pero quizás es en los viajes donde irrumpe con más elocuencia el desajuste entre lo que se vive y lo que se imagina.". La obra de *René Magritte* tuvo rasgos propios. Magritte intentó despertar la atención respecto a las cosas visibles y su relación con la invisibilidad. Las cosas no son únicamente lo que está allí, son también vehículos o instrumentos de una acción pensante. El pensamiento, según Magritte se nutre de imágenes o más exactamente la imagen es lo que hace visible el pensamiento. El hacer visible lo invisible es la gran misión de la creación artística.

La Cultura Visual y lo invisible

"El *mundo-imagen* es la superficie de la globalización. *Es* nuestro mundo compartido. Empobrecida, oscura, superficial, esta *imagen-superficie* es toda nuestra experiencia compartida. No compartimos el mundo del otro modo. El objetivo no es alcanzar lo que está *bajo* la superficie de la imagen: sino ampliarla, enriquecerla, darle definición, tiempo. En este punto emerge una *nueva cultura*". *Susan Buck-Morss*

La importancia de la cultura visual radica precisamente en que todo acto de ver tiene un marco cultural. Ver es un hecho condicionado, que se construye en un proceso cultural, donde la manera como nuestro entorno nos ha delineado formas de ser y pensar y razonar. Cómo enfrentamos la información, si profundizamos o nos limitamos a la superficie de la misma nos hace ver de distinta manera. Cuando estudiamos la historia, la religión, la historia del arte o la estética lo hicimos en un marco previamente regulado y prediseñado donde poco podíamos aportar sin embargo los estudios visuales se sustentan en su capacidad de potenciar una comprensión crítica similar a los estudios culturales sobre religión donde se analiza desde fuera de su propia concepción y permite una visión distinta y personalizada de la misma. En nuestra sociedad contemporánea, inmersa en un proceso de globalización y el encuentro con distintas culturas, las imágenes, lo visual, tienen una importancia capital en el significado del conocimiento. La producción del arte no puede ser la misma ni tampoco la forma de ver el arte. Por ello se ha facilitado a los mercaderes del arte filtrarse a través de un supuesto espíritu de contemporaneidad y ruptura que los lleva, no a vender la producción, sino el concepto, donde el artista es quien menos gana pero se envuelve del "prestigio" de estar inserto en la posmodernidad. Vaya, estar al "día". *José Luis Brea*, experto en estudios visuales comenta que "La toma de partido a favor de que el desarrollo de ese proceso se decante de la manera más democratizada posible –es decir, con el menor grado de hegemonía y dominancia de una formación en exclusión de otras- constituye a su modo de ver el gran reto no sólo para las prácticas de representación y producción de imagen y visibilidad, sino también para la propia producción teórico-crítica que la confronta –para los *estudios visuales* en última instancia". El renovado interés, comenta *Keith Moxei,* en la presencia de los objetos, en su capacidad para escapar de los significados atribuidos a ellos por generaciones de intérpretes, también ha tenido importantes repercusiones en los estudios visuales. *W.J.T. Mitchell* lo ha apodado el "giro de la imagen". La importancia del giro de la imagen radica en que no lo restringe sólo a lo que tradicionalmente se consideran obras de arte sino que hay otros objetos visuales cuya presencia requiere conocimiento. Recordamos así que la cultura visual está compuesta de infinidad de grupos sujetos ha ser "vistos" y se asumen también las variables de la percepción. *Mirzoeff,* autor del libro Introducción a la Cultura Visual, dice que si nos centramos únicamente en el significado lingüístico de las imágenes visuales, estamos negando un elemento que hace que estas sean distintas a los textos. Este elemento es la inmediatez sensual. Por ejemplo, dice este autor, ver la caída del Muro de Berlín televisada en directo provocó sentimientos que excedían absolutamente a las palabras. Hay algo que resulta un "exceso" al momento de ver, sensaciones como la intensidad, la sorpresa, la conmoción, el enmudecimiento, están en el corazón de la experiencia visual y esto no puede ser agotado recurriendo al modelo textual de análisis. *Ana Abramowski* hace una relación entre ver y saber: ¿Qué vemos cuando miramos? ¿Solo vemos lo que sabemos? ¿Es posible ver más allá de nuestro saber? ¿Lo que vemos interroga nuestros saberes? Es cierto que nuestros saberes configuran nuestras miradas, el ejemplo más claro es que, frente a una misma imagen, no todos vemos lo mismo. Pero también es posible que, ante una experiencia visual, nos encontremos "viendo" más allá de lo que sabemos o de lo que esperábamos ver: una imagen puede cuestionar nuestros saberes y desestabilizarlos. Es por esto que la simple pregunta "¿qué ves?" puede inaugurar recorridos inesperados. Para ello hay que darse un tiempo en el trabajo con imágenes. Además de proponer otro registro, otra textura, luminosidades y opacidades, las imágenes requieren de otros tiempos: ¿Cuál es el tiempo propio del "mirar"? ¿Cuánto dura? ¿Qué lugar ocupa allí el silencio, la espera? ¿Cómo se da un espacio para que sobrevenga la palabra? En síntesis, si queremos trabajar pedagógicamente con imágenes debemos tener en cuenta sus poderes, ya que no todos vemos lo mismo cuando miramos. Que no hay otra alternativa que situarse en el cruce de palabras que faltan, sentimientos desbordantes, ideas desordenadas, sonidos ensordecedores y silencios. Se trata, junto con los alumnos, de enseñar y aprender a mirar, escrutando las imágenes desde distintos ángulos, desarmándolas y rearmándolas, imaginando con ellas y a partir de ellas; sin perder de vista que, del mismo modo que las palabras, las imágenes son colectivas y se comparten. Y finaliza diciendo que si tenemos presente que lo visible es algo que se produce, y que al lado de toda visibilidad habrá siempre una invisibilidad, constataremos que al lado de toda pedagogía de la imagen habrá también una política construyendo una mirada, y no cualquiera, del mundo. Y lo que es invisible podrá ser visible a nuestros ojos.

La mejor ciudad habla en susurros

Dijeron *por lo tanto y luego entonces*
Dijeron *si y sólo si*
Pero yo dije no
y regresé hasta el lecho donde Ella me
esperaba
enjoyada y desnuda/*Efraín Bartolomé*

Luis Fernández –Galiano nos dice que necesitamos ciudades más densas y compactas, pero no más altas; al igual que necesitamos arquitecturas más útiles, pero no más triviales. Y para combatir la fascinación contemporánea por la insostenible suburbanización y el insufrible espectáculo, debemos explicar que la casa unifamiliar y el vehículo particular han de ser domesticados, porque la ciudad jardín es la menos verde de todas; y también que la belleza no reside necesariamente en la provocación estética o la extravagancia formal de la arquitectura que grita: la mejor ciudad habla en susurros. Por otro lado, *Jaime Lerner*, arquitecto brasileño, dice que "La ciudad no es el problema, la ciudad es la solución". Y explica *Lerner*, "Creo que se puede cambiar una ciudad a mejor en poco tiempo". Poner un museo en una zona degradada, ajardinar una plaza, hacer peatonal una calle o construir un teatro en un viejo edificio son algunos de los ejemplos que utiliza. Y asegura que hay que hacer las cosas rápido. "Hicimos una calle peatonal en 72 horas. Antes había habido oposición al proyecto pero una vez lo probaron estaban todos encantados", afirma. "Una vez superada la discusión previa, la ejecución tiene que ser rápida para sortear la propia burocracia administrativa, la utilización política y también nuestra propia inseguridad. A veces tenemos buenas ideas, pero con el tiempo empiezan las dudas y nos olvidamos que es un proceso que se puede corregir siempre. Es como un compromiso con la imperfección, no se pueden tener todas las respuestas antes porque entonces limitamos la creatividad. Y hacerlo rápido no quiere decir hacerlas mal. Pero la gente que busca siempre el consenso acaba perdido en reuniones interminables que no arreglan nada". La *Fundación Ciudad Humana* de Bogotá, Colombia, promueve en la ciudadanía un cambio estructural en la mentalidad y la practica de lo urbano que es a mi juicio lo que realmente necesitamos, ciudadanos y gobierno. Hay una internauta que en su blog aclara que de profesión es Buscadora de Sueños, su ubicación: Las nubes y habla de su ciudad:

Bienvenido a la ciudad fantasma,
Donde ya no queda nada,
Bienvenido a la ciudad del horror,
Donde si llegas verás que no sale el sol...

Por supuesto que sus sueños han de ser pesadillas y su ciudad un caos, es cierto que la ciudad contemporánea con sus flujos y mutaciones descuida mucho a la identidad y cuando buscamos lugares donde está presente, llegamos a una escala donde cobra importancia el concepto de la vecindad. Es el espíritu del barrio lo que hace que la gente se siente arraigada., otro internauta, comenta que formamos parte de los lugares porque los lugares forman parte de nosotros. Hay unos lazos muy importantes que nos hacen decir: "*Soy de aquí* ". En estos casos el tema de la identidad es evidente, pero hay lugares donde la gente se siente avergonzada de sus raíces como parece serlo a nuestra buscadora de sueños. Sin embargo no hay lugares malos, solamente los que necesitan ser reconocidos y por eso estimular el reconocimiento de los barrios es la cuestión que deberíamos tener en cuenta en el marco del reconocimiento de la ciudad. Un lugar por el mero hecho de ser habitado por una persona ya cobra un valor especial y pertenece a la arquitectura y al urbanismo la capacidad de poner en valor una identidad en peligro de extinción. Necesitamos una arquitectura que recicle el espíritu del barrio estimulando las relaciones entre los vecinos para vernos de otra manera.

Ver la ciudad con otros ojos, saber que está ahí esperando reposada, envuelta en polvo y escombro, inténtalo esta misma tarde que quizá hace frío: te encontrarás con gente, te encontrarás al mundo y tal vez... encuentres la ciudad.

Bellezas invisibles:
Nuestra pérdida diaria

"El mayor peligro para todos nosotros no es tener una meta muy alta y perderla, sino tener una muy pequeña y alcanzarla". *Michelangelo Buonarroti*

En ocasiones nos negamos a leer, tal vez es el escape de no querer escuchar lo que nos compromete, tal vez no queremos entrar en etapas de reflexión cuando nuestro entorno personal es cómodo, o puede ser complicado el escrito porque le ataca al autor el ansia de que tal vez no vaya a ningún lado con sus escritos mientras la realidad nos desborda. Pensando en esto decidí escribir una anécdota que me conmovió y espero a ustedes también. La transcribo tal cual. Quien cuenta esta historia narra cómo su abuela se despedía de éste mundo después de 99 años donde, según ella, ya lo había visto todo. Sin embargo, había algo en ella que sólo algunos podían ver. Su vida fue de un constante rodearse preferentemente de sus nietos los que por alguna razón se veían fuertemente atraídos por su compañía, a lo que ella respondía con sincera curiosidad y atención. Nada de discursos, guías morales, formalidades, ni prejuicios importados de siglos pasados. Simplemente había algo en ella de una belleza sutil e infinitamente acogedora, que extrañamente atraía más a algunos que a otros: en este caso, sus nietos. Casi al mismo tiempo, una amiga le contaba de un experimento social realizado por el Washington Post, que por alguna razón le entregó la satisfacción de saber que, de alguna forma, varios nos hemos detenido por un momento a apreciar la belleza de una increíble mujer, antes que la vida nos tirara de la mano de vuelta a nuestras apuradas vidas. He aquí el experimento:

En una fría mañana de Enero, un hombre se paró a la entrada de una estación de metro en Washington DC y comenzó a tocar el violín. Tocó seis piezas de Bach por cerca de 45 minutos. Durante ese tiempo, en la mitad del horario punta, se calcula que miles de personas pasaron frente él, la mayoría camino a sus trabajos.

Tres minutos pasaron y un hombre de mediana edad notó el músico tocando. Redujo el paso y se detuvo por unos segundos para luego apurarlo y marcharse. Un minuto más tarde, el violinista recibió su primer dólar: una mujer le arrojó el billete sin parar y continuó caminado.

Unos minutos más tarde, alguien se reclinó contra la pared a escuchar, miró su reloj y reinició su viaje, seguramente ya tarde para su próximo compromiso.

El que prestó más atención fue un niño de unos 3 años de edad. Su madre lo apuraba pero el niño se paró a escuchar la música. Finalmente su madre lo arrastró y terminó llevándoselo, mientras él giraba continuamente su cabeza hacia el violinista mientras se alejaba. Esta acción fue repetida por varios niños. Todos los padres, sin excepción, los forzaron a seguir caminando.

En los 45 minutos que tocó el músico, sólo 6 personas se detuvieron por un momento. Unas 20 personas le dieron algo de dinero mientras continuaban caminando sin parar. Recolectó un total de $32 dólares. Cuando finalmente terminó de tocar y el silencio de apoderó del lugar, nadie lo notó, nadie aplaudió, ni menos hubo reconocimiento alguno.

*De hecho, nadie supo que el violinista era **Joshua Bell**, uno de los músicos más reconocidos del mundo. Lo que había tocado eran una de las piezas de violín más complicadas jamás escritas y su violín tenía un valor de 3.5 millones de dólares.*
Dos días antes de tocar en la estación de metro, Joshua Bell había vendido todas las entradas de un teatro en Boston con asientos de $100 dólares c/u.

Este experimento social trató sobre la percepción, gustos, y prioridades de la gente, y las preguntas del ejercicio era:

¿En un lugar común a una hora inapropiada, somos capaces de percibir la belleza?

¿Nos detenemos a apreciarla?

¿Reconocemos el talento en un contexto inesperado?

Las conclusiones posibles son bastante obvias:
Si no tenemos un momento para detenernos a apreciar a uno de los mejores músicos del mundo tocando la música más exquisita jamás escrita…
cuántas cosas más nos perdemos a diario?

El espacio que todos creamos

"La comunidad perfecta es la polis…, surgió para satisfacer las necesidades vitales del hombre, pero su finalidad es permitirle vivir bien". *Aristóteles La Política*

Escuchamos con frecuencia, hablando de las problemáticas de la ciudad, que los cambios son imposibles, afirmación que viene a ser como una justificación para no actuar. Es distinto asumir la actitud de conocer los cambios que se tienen qué hacer y tomar la responsabilidad de implementar lo necesario para hacerlo. La primera actitud nos lleva a un nivel de conformismo que no beneficia a nadie, y la ciudad puede continuar con sus mismas problemáticas por años y años. En las pasadas jornadas universitarias en torno al tema de la violencia de género, actividad paralela a la exposición *Violencia, Arte y Mujer*, en el Centro Cultural Tijuana-Cecut, una de las ponentes comentaba la importancia de abrir estos espacios de reflexión y debate como principio fundamental para que la problemática se prevenga o se resuelva. Ciudad Juárez, Chihuahua, es un ejemplo donde se perdieron estos espacios, que tiene qué ver con un proceso cultural. Ya se lo decía un ciudadano al Presidente "la solución no es por este camino" y se refería a enfrentar la violencia con violencia y en sus palabras comentaba que la solución era a través de la educación y la cultura, como lo hemos comentado en muchas ocasiones por este medio. Y la conformación de la sociedad dentro de la ciudad permite o no abrir estos espacios. Jordi Borja en su libro *La ciudad conquistada* hace referencia a tres tipos de ciudades que co-existen en nuestros territorios contemporáneos: tres ciudades en el imaginario colectivo: la oficial de las jurisdicciones administrativas y las cartografías políticas, la real de la experiencia metropolitana de las transferencias y la flexibilidad productiva, la ideal (en el sentido de virtual o construcción mental) que todos construimos con nuestro deseo y percepción, la ciudad de los mapas mentales. En esta última yo considero es donde se crean los puntos de partida, los proyectos, las iniciativas, donde se toma partido por la inclusión y la diversidad, donde se compromete al urbanismo en la superación de las discriminaciones étnicas, de género y de edad, en la creación de entornos seguros, en la generación de empleos, en el respeto de las diversidades individuales y colectivas. *Jordi Borja* propone unos instrumentos y marcos como apoyos a la toma de decisiones: a) El acrecentamiento y cualificación del espacio público, en sus aspectos físico - representativo, político y social. El espacio físico de sutura entre las tramas disconexas del crecimiento periurbano, pero también el espacio político de la convivencia, el conflicto y la diversidad, b) La innovación política, comprehensiva y no negadora del conflicto. *Borja* fue el responsable del plan de descentralización de Barcelona, una de las claves del mejor urbanismo de los 80; hoy postula otras operaciones de subsidiariedad y complementación, de reconocimiento y legalización de los continuos urbanos y las redes territoriales discontinuas, con un sentido más contractual que burocrático y jerárquico, c) Una postura holística de la ciudad, totalizadora pero respetuosa de la diversidad, que supera los unilateralismos del marketing de imágenes urbanas, el urbanismo de productos sueltos y las visiones aisladas, las nuevas urbanizaciones de iguales viviendo entre iguales, protegidos y separados de los "otros", d) La reivindicación a ultranza de la ciudadanía, colocada incluso por encima de la instancia estatal, al proponer que las ciudades y territorios estén en condiciones de extenderla, aceptando la riqueza extraordinaria de la inmigración y su aporte a las sociedades que *"tienen la suerte"* de recibirla. Una ciudadanía global que suma los problemas del mundo como propios. Erich Fromm afirma que nuestra sociedad tiene miedo a tomar decisiones y adquirir responsabilidades: el miedo a la libertad. La participación es algo que tenemos que reaprender, porque las relaciones que mantenemos con nuestro entorno social son la medida de nuestra libertad. Cuando observamos los problemas de nuestro barrio, casi nunca proponemos soluciones. La razón de esta situación es según *Michael Walzer*, uno de los filósofos más destacados en los últimos años dentro del ámbito de la teoría política, la caída de las organizaciones voluntarias de la Sociedad Civil (familia, amistad, vecindad, cooperativas, asociaciones, movimientos sociales etc.) imposibles de sustituir por cualquier sistema estatal o económico. Es en esta Sociedad Civil donde se da la fragmentación y el conflicto, pero además las solidaridades concretas y auténticas. Los lazos de identidad que construye el individuo necesitan variados escenarios. Es su carácter de heterogeneidad lo que permite desarrollar diferentes modelos de vida plena. Cada uno de nosotros los elige consciente y voluntariamente, por lo tanto, proteger y estimular los espacios de complejidad dentro de la ciudad ayuda a construir una ciudad más participativa. Ciudadanía global a través de las organizaciones locales como cimiento del espacio que todos estamos construyendo.

La arquitectura y el poder

En el libro *La arquitectura del poder*, de *Deyan Sudjic* y publicado por la Editorial Ariel encontramos una relación poco analizada: el arquitecto y el poder. La arquitectura históricamente usada como un instrumento de propaganda política y como símbolo de la imposición de los poderosos. Un capítulo poco conocido de la historia. En su narración Sudjic nos lleva de Sadam Hussein a *Mitterand*, pasando por *Cesar Augusto* o *Napoleón III*, los diferentes capítulos van desgranando momentos históricos y proyectos urbanísticos y arquitectónicos en los que el autor señala las ansias de los poderosos por ver reflejado física y espacialmente su poder. Y es que hasta el propio *Obama* tuvo un sueño de convertirse en arquitecto y quién sabe si, como otros, no ha convertido esa "vocación" en una trayectoria política. Por otro lado las relaciones entre *Adolf Hitler* y *Albert Speer*, el arquitecto oficial del III Reich, el arquitecto coreógrafo de los grandes despliegues militares que alucinaron a la población alemana y compungieron al mundo en la primera mitad del siglo pasado. Una buena forma de entender el significado altamente simbólico de la Cancillería alemana, mandada construir por *Hitler* para mayor gloria suya y, sobre todo, para impresionar a quienes pasaban a despachar con él. Una buena forma de entender también la grandilocuencia nazi al leer los planes de reconstrucción de Berlín para convertirlo en una nueva ciudad, *Germania*, que sería la nueva Roma del siglo XX. En la película "El Hundimiento" uno de los personajes principales de esta película era *Albert Speer*, arquitecto del Führer que aparecía reflejado como un hombre de mente templada pero totalmente fiel al partido. Hay una escena en la que *Hitler* revisaba una maqueta de su proyecto más ambicioso: La construcción de "Germania", que como decía en la película, sintetizaba los estilos arquitectónicos de todas las épocas en una única ciudad del conocimiento. Un detalle muy interesante de la película es que *Speer* acude al bunker donde esta confinado *Hitler* para comunicarle que las obras de demolición habían sido canceladas hacia meses y que quería comunicárselo pues le cargaba la conciencia, demostrando así que aunque le era fiel, era consciente de lo absurdo del proyecto. *Stalin*, otro personaje fundamental de la historia del siglo pasado y que también entendió la construcción del espacio como una forma de representación de su poder y como una forma de ejercer ese mismo poder. Aquí el relato del libro se centra en los planes del dictador de convertir la Catedral de Cristo el Salvador en el Palacio de los Soviets, un edifico que reflejaría el poder del pueblo organizado y la superioridad de *Stalin* como líder supremo del pueblo. Para ello, llegó a convocar un concurso internacional de arquitectos en el que participaron las firmas más importantes del momento; nombres como *Le Corbusier* o *Gropius* presentaron sus proyectos, resultando finalmente ganador el proyecto presentado por *Boris Iofan*. El proyecto empezó a construirse pero la invasión alemana de 1941 dio por terminada precipitadamente su construcción y los materiales acabaron siendo utilizados para la construcción de puentes y estructuras defensivas, terminando de esta forma con el sueño constructivo de *Stalin* y de su arquitecto del poder. *Benito Mussolini* también tuvo sus aires de grandeza arquitectónica, quizá a un nivel inferior, y también dispuso de sus arquitectos de cabecera, destacando entre ellos a *Marcelo Piacentini* encargado de la construcción del barrio EUR, en la Exposición Universal de

Roma en 1942, conocido como E42, pensado como continuación territorial de Roma y como forma de recuperar el esplendor imperial de la ciudad. En términos urbanísticos, E42 fue diseñado para dirigir la expansión de la ciudad hacia el suroeste, conectándola con el mar. La exposición planeada nunca tuvo lugar debido a la derrota italiana en la Segunda Guerra Mundial. En este punto es donde resulta sorprendente valorar que en la Exposición Internacional de París en 1937 se encontraron tres pabellones nacionales (Alemania, URSS e Italia) firmados por el trío de arquitectos del poder (*Speer, Iofan y Piacentini*), en un encuentro que hoy produce espanto, de los líderes de la estética totalitaria. Un momento histórico en el que, por otro lado, la II República Española trataba de hacerse oír internacionalmente en un grito de auxilio presentando un notable pabellón que incluía el Guernica, un símbolo de estética antitotalitaria. En los últimos capítulos donde aparecen nombres más actuales de la arquitectura como *Santiago Calatrava* o *Frank Gehry* y hay sitio para el *efecto Guggenheim* o el síndrome de los rascacielos. Se cuenta cómo la arquitectura también es un instrumento para inventar naciones (Yugoslavia, Irán, Turquía), un instrumento para remarcar la identidad nacional en tiempos de incertidumbres (los empeños de *Mitterrand* por levantar a toda costa el Louvre y el Grande Arche de La Defense) o un instrumento para extender el poderío cultural estadounidense. ¿Dónde está hoy el poder? ¿Quién está construyendo las grandes representaciones del poder económico? Está bien claro: Dubai con su obsesión de contar con la arquitectura más osada o la que deberíamos llamar la arquitectura del exceso y China envuelta en una carrera desarrollista sin medida provocando grandes encuentros raciales que parecen no importarle. En México también contamos con estos momentos de arquitectura y poder no citados en este libro pero que bien podríamos anotarlos más adelante, porfiriato aparte, donde se retratan claramente el desarrollo y evolución de una sociedad que con gusto, a cambio del "progreso", se sometía a una dictadura…

El viaje de la ciudad.

"Ojalá que el camino sea largo, no apresurarlo, y llevar en el pensamiento la ciudad soñada porque a ella se debe el viaje".
Kafavis

Imaginar la ciudad es en ocasiones imposible ante el embate de una realidad no planeada, mal interpretada o simplemente mal construida. Nos perdemos en la búsqueda de los culpables cuando ellos ni cuenta se dan y terminamos nosotros, los ciudadanos, sufriendo la ignorancia o la mala fe. Cada año esperamos no sólo imaginar sino realizar, y cada día es un paso al encuentro de una realidad distinta. Vamos tratando de poner en la mesa las ideas para su reflexión, los ejemplos para ponernos en acción, la sonrisa para disfrutar el camino y no empujarnos sino apoyarnos, unos con otros. La ciudad es más que un fenómeno urbano, es una serie de energías que fluyen entre las instituciones y los espacios culturales, espacios que nos dan la posibilidad de aprender/aprehender la ciudad. Traducirla y abrazarla. La construcción de una ciudadanía organizada, autónoma y solidaria, capaz de convivir en la diferencia y de solucionar pacíficamente sus conflictos es el camino a seguir, sin trabas, con decisión. Hemos de buscar un proyecto que reivindique lo colectivo y lo público, lo político y lo ético y busca ingresar a la modernidad haciendo uso de la educación como fenómeno eminentemente comunicativo cuyo desarrollo potenciará la capacidad de incidir de la sociedad sobre sus propios destinos, estableciendo cambios en la conducta y los comportamientos de los ciudadanos, buscando la construcción de la democracia y la ciudadanía como proyecto colectivo. La ciudad no es ya sólo el conglomerado urbanístico de calles y de pobladores, sino un gran alma, una ciudad viva, un cuerpo que siente, que se mueve, una ciudad con corazón propio, un ambiente y un contexto global de vida y aprendizaje. Una ciudad viva a la que nosotros como ciudadanos le damos el ánimo y la energía necesaria para seguir moviéndose para que nos permita movernos en ella. Una ciudad que asume el pluralismo como frontera y que debe cultivar la tolerancia como valor propio. La ciudad hay que verla desde muchos puntos, desde distintos amores y desamores, desde la poesía y el graffiti, desde el arte y la impaciencia, desde la soledad y la fiesta. La ciudad hay que celebrarla, no sólo hoy o el día de su cumpleaños, hay que celebrarla todos los días. No hay que perder de vista sus rincones y sus olores. Hoy resulta crucial, reflexionar desde la duda, desde lo complejo, desde los interrogantes y no, como estamos acostumbrados desde la pretensión de brindar una respuesta única y categórica a los problemas que enfrenta la ciudad y sus ciudadanos. Es reconocer la dificultad, es aceptar la complejidad, la incertidumbre y la necesidad de diversificar las posibilidades y las soluciones. Cada esquina es un mundo. Cada barrio un universo. Lo cierto es que la ciudad ya no está exactamente aquí o allá, ni es esto o lo otro. La ciudad es el flujo, la centrífuga, el dramatismo creado por su propia complejidad. Algunos, quizá, están en la ciudad, pero no pertenecen a ella. Están en el *no-lugar*. Para ellos la ciudad es el *no-lugar*, lo inhóspito, lo agresivo. De esa manera vienen a negar el concepto original de ciudad. Son los que se quejan sin estar, pero sí viven de ella. A estos dejémoslos en su lamento. Nosotros alegrémonos de estar aquí. Exijamos y respetemos. Hagamos una fiesta cada día para cambiar la mirada. Salud.

Los retos del futuro en la ciudad

"En 1900, el 10% de la población mundial
vivía en las ciudades
En 2007, el 50% de la población mundial
vivía en las ciudades
En 2050, el 75% de la población mundial
vivirá en las ciudades"

Cada HORA llegan a vivir en:

· BERLIN +- 0 personas
· CIUDAD DE MÉXICO + 23 personas
· SAO PAULO +24 personas
· SHANGHAI +32 personas
· DHAKA (Bangladesh) +50 personas
· LAGOS (Nigeria) +58 personas

En Shanghai, en el año 1980, había 121 edificios de más de 8 pisos, en el 2005 ya había 10.045 edificios de las mismas características. En Londres, el 38% de los nuevos residentes en el año 1992 eran extranjeros, en el año 2001 equivalían ya al 56%.

Estos son datos que encontramos en el libro THE ENDELESS CITY, de los autores *Ricky Burdett* y *Deyan Sudjic*, ocurridos a lo largo de poco más de 100 años nos obligan a reflexionar sobre el futuro de nuestra ciudad y cómo debemos buscar nuevas fórmulas de enfrentar el desarrollo urbano, buscar soluciones creativas y eficientes. Las escuelas de arquitectura tienen un gran reto frente a sí, porque aún cuando la demanda es menor a la oferta en el sentido tradicional del trabajo arquitectónico, y aparentemente quedarían sin trabajo un gran número de egresados, y esto sucede en otras carreras relacionadas al diseño, encontramos una gran demanda de profesionistas que demandan otros sectores sociales así como comentaba en la primera conferencia del ciclo *Pláticas en Detalle, Arturo Ortiz Struck*, en el Centro Cultural Tijuana, "el arquitecto que genera soluciones es un arquitecto que involucra la gestión social en su agenda de trabajo". El *Deutsche Bank Urban Age Award*, creado con el fin de reconocer y celebrar soluciones urbanas creativas para enfrentar los problemas y oportunidades de más de la mitad de la población del mundo, hoy viviendo en ciudades y diseñado para promover que ciudadanos, tomadores de decisiones, empresas privadas y organizaciones no-gubernamentales, adquieran un rol activo en forjar responsabilidades compartidas en las ciudades del siglo XXI, otorgó el premio el pasado septiembre 2009 en Estambul a un proyecto que es impresionante en su simpleza sin embargo con un impacto enorme: *Barış İçin Müzik* (Música por la Paz) una destacable intervención en el barrio de Edinerkapi, uno de los más deteriorados del centro de la ciudad, trayendo por un lado educación musical gratis a niños en edad escolar entre 7 y 14 años, y por otro, generando un nuevo centro de entrenamiento musical para jóvenes talentosos en el centro de la comunidad. A través de una creativa transformación del zócalo de un colegio público local en un iluminado y ventilado ambiente, los niños se reúnen para tocar el acordeón después de su jornada escolar, aprenden composición, reparan sus propios instrumentos y se alimentan. La iniciativa constituye una importante función social y cultural para los 250 niños que han sido parte del programa desde 2005. En vez de tener que regresar cada día a un hogar vacío o pasar el tiempo en las calles, estos niños y niñas de diferentes edades y proveniencias invierten su tiempo, tanto con voluntarios en música como con sus padres, dentro de un ambiente de una potencia y energía tal que cualquiera que entre logra sentir su efecto. Además de su indudable impacto social en los niños y en sus familias, muchos de ellos inmigrantes que acaban de llegar a Estambul provenientes de las regiones más pobres de Turquía, el proyecto constituye un compromiso para con una de las áreas centrales de la ciudad afectada por el abandono y obsolescencia económica, social y física. La futura construcción de un edificio de tres pisos con nuevas salas musicales y auditorio para 90 personas, generado a partir de este proyecto, espera cambiar la percepción local de este deteriorado vecindario, asegurando así que los jóvenes permanezcan en esta área en vez de emigrar para poner en práctica sus talentos musicales. En el simposium de *Urban Age*, en la ciudad de México, el arquitecto *Felipe Leal* hacía notar que el espacio público es "la expresión del derecho a la ciudad" y marcaba la importancia de las intervenciones artísticas para "domesticar" el espacio público. *Manuel Perló Cohen* habló sobre lo relevante de la exposición sobre la ciudad *Citámbulos: un viaje a través del espejo* que ha logrado cautivar a más de 105 mil visitantes que se han dado cita en el Museo Nacional de Antropología, donde más de cien artistas retratan, a través de imágenes, sonidos, pinturas, fotografías y esculturas, la identidad del chilango, que ayuda a restaurar el amor de la gente por su ciudad y crear la habilidad de re-imaginarla. Romper el pesimismo, responsabilidad del ciudadano y creatividad de gobierno y profesionistas para enfrentar el reto.

Tan cerca del diablo, tan lejos de dios

"Nuestros más bellos edificios deberán estar en nuestras áreas más pobres."
Sergio Fajardo, ex-alcalde de Medellín

En el pasado encuentro *Urban Age Estambul 2009*, del que hablamos en un artículo pasado, se presentó la ponencia: "Ciudades Metropolitanas en el periodo post-recesión" por *Bruce Katz*, donde se comentó que la nueva economía de los Estados Unidos estará centrada en tres aspectos fundamentales: la innovación, las exportaciones y la reducción en el consumo de petróleo. Esta reconstrucción de la economía deberá estar orientada hacia las exportaciones y no hacia el consumo como se ha venido desarrollando hasta el momento. Los nuevos objetivos de la economía de Estados Unidos se enfocarán específicamente en la Innovación, el Capital Humano, la Calidad Espacial y las Infraestructuras. El cambio de rumbo impactará directamente el espacio urbano al reconocer a las áreas metropolitanas como un motor de desarrollo para la nueva economía. El desafío para las áreas metropolitanas está entonces en logra conjugar tres grandes temas, primero lograr desarrollar centros de innovación energética, segundo impulsar una iniciativa hacia la consolidación de comunidades sustentables y por último, potenciar la iniciativa de elección de barrios la cual busca transformar los barrios de Estados Unidos concentrando el financiamiento en la escala local. Sabemos que la política urbana de los Estados Unidos, enfocada en los suburbios, no dio el resultado esperado y sin embargo varios países latinoamericanos y algunos europeos comenzaron a seguir el ejemplo cuyas consecuencias adversas aún están por verse. Siempre buscando soluciones urbanas en países cuyas economías son muy distintas a la nuestra nos encontramos dirigiendo políticas equivocadas y ahora podemos observar a las grandes economías buscando vías alternas en ejemplos de países en desarrollo, en países con economías semejantes a la nuestra como Medellín, Colombia. Esta ciudad colombiana estigmatizada por el narcotráfico y violencia y a la que he analizado en varias ocasiones, ganó en octubre de este año el premio Curry Stone Design Prize 2009, premio nacido en Inglaterra y otorgado por la Universidad de Harvard y administrado por Architecture for Humanity que se da a individuos o grupos por el desarrollo e implementación de proyectos visionarios de diseño innovador. Los proyectos ganadores involucran a la sociedad en el cambio, dan poder a los ciudadanos y activan la revitalización colectiva. Medellín creó un movimiento cuyos principios fueron comunicados y publicitados a la comunidad. Estos principios son declaraciones de intereses y conceptos que se buscaban materializar a través del plan de revitalización. Los principales objetivos del plan fueron disminuir la desigualdad y la violencia de la ciudad a través de intervenciones sociales y oportunidades para desarrollarse. Estas oportunidades se materializaron en infraestructura de transporte, centros de cultura y educación, y buena arquitectura. Al ser la periferia pobre y de autoconstrucción, la infraestructura existente es mínima, por lo que en aspectos tan importantes como de transporte, estos sectores estaban totalmente desconectados. El plan toma este punto como uno de los más relevantes para la integración social y la calidad de vida de la ciudad. Como para hacer calles y avenidas se hubiesen tenido que demoler muchas casas y las pendientes complicaban más aún la situación, los colombianos integraron al sistema de transportes un anecdótico transporte: un *teleférico*. Este nuevo artefacto urbano conecta el plano de la ciudad con los cerros, sin generar tráfico, contaminación ni problemas de expropiaciones, y ha funcionado tan bien que ya en otros países se está implementando este servicio de transporte. El plan que se desarrolló en Medellín contempla realizar todos estos proyectos en "buena y bonita arquitectura y urbanismo", para así llevar lo más bello a los barrios más pobres de la ciudad, entregándoles a los menos beneficiados un producto de la mejor calidad, inspirándoles así a tener respeto y confianza en el sistema y sociedad, anteriormente desgastado y denigrado. Cuando se habla de la "apropiación ciudadana de los cambios en marcha". Se trata de un discurso político que debe vincular la situación personal con lo colectivo, lo nacional y lo planetario en un sentido democrático, es decir, afirmando que el destino se puede decidir colectivamente. No se debe asociar este "discurso político" a un "discurso de partido político", o de "campaña". Hoy se requieren nuevos proyectos y nuevas mayorías. El mejor ejemplo es el del paradigma de la sustentabilidad. Fuera de exageraciones, se trata de ideales que efectivamente mueven a las personas a adoptar comportamientos en la vida diaria, en los comportamientos de consumo, e incluso en sus preferencias políticas. ¿Qué tan cerca estamos de iniciar estos cambios? ¿Qué tan lejos estamos de lograr resultados?

Un cocodrilo en el drenaje

"Da mejor resultado revitalizar áreas urbanas con pequeñas mejoras que con grande proyectos".

Vivimos un momento donde la noticia de un tiroteo, un violento ajuste de cuentas exagerado al máximo por los diarios, sobretodo aquellos especializados en la nota roja, nos mantienen en un estado de tensión permanente. Ante esta situación se van creando mitos, historias sin confirmar como aquella que se comenta en la ciudad de Nueva York que se remite a los años 50 en Florida, donde en los carnavales se vendían pequeños cocodrilos bebés en unas pequeñas bolsas, cocodrilos que eran muy apreciados por los niños. Para las familias que venían de fuera de Florida, especialmente aquellas provenientes de Nueva York, llegando a su ciudad los cocodrilos bebés se convertían en un problema, por lo que terminaban siendo arrojados en la taza de los sanitarios. De acuerdo a este mito los cocodrilos alcanzaron en los drenajes subterráneos de Nueva York descomunales proporciones, se convirtió en un monstruo del inframundo. Esta es una historia urbana que nos lleva a reflexionar hasta dónde pueden llegar las consecuencias, en una ciudad grande, por los actos o iniciativas de otros. Nos vemos de pronto asustados de la gente, sobretodo de aquellos distintos a nosotros, en raza, religión o condición social. La ciudad a medida que más crece, más crecen los problemas. Pero ¿cómo crece la ciudad? Por un lado encontramos el barrio tradicional, el centro, con usos mixtos, amable con el peatón, donde encontramos distintos niveles socioeconómicos viviendo en armonía, sin un alto impacto en el medio natural. Por el otro lado el crecimiento hacia "afuera", hacia los suburbios, la forma de crecimiento estándar en los Estados Unidos de Norteamérica. Una forma que ignora los precedentes históricos y la experiencia humana, promovida por los desarrolladores. Contrario al típico modelo de barrio que crece orgánicamente a la necesidad humana el "suburbio" es un sistema completamente artificial, no deja de tener cierta belleza en el orden, es racional y comprensible. Es predecible pero al mismo tiempo observamos que es un formato autodestructivo. Va consumiendo el medio natural en una tasa alarmante. Se va consumiendo los centros de las ciudades y aún con los grandes esfuerzos por revitalizarlos, los suburbios más cercanos a ellos van perdiendo residentes en una búsqueda por nuevos suburbios, en un círculo destructivo interminable. Y uno de los síntomas inmediatos es la pérdida del espacio público, los espacios se privatizan y se regulan con exceso. Inevitablemente los espacios públicos dan sentido a la forma como contemplamos la ciudad, reflejan el carácter y la personalidad de la gente. Hay una razón para la actual crisis social, del medio ambiente y la economía: cuando los ciudadanos no se sienten propietarios de su espacio público afecta la forma como se visualizan los problemas globales. Los esfuerzos para reclamar y revitalizar los espacios públicos nos muestran que podemos hacer una diferencia en nuestro entorno. No se requieren los grandes proyectos, bastan pequeños detalles para generar un cambio. Hacer pequeñas las ciudades es una tendencia mundial, revitalizarlas es una urgencia. La historia del cocodrilo nos envía un mensaje de las consecuencias de atentar contra la naturaleza, de la falta de control de la ciudad "grande". Pequeñas ciudades, pequeños detalles…grandes resultados… Sin cocodrilos.

El siglo XXI y el individuo aislado…equivocadamente

"Abundancia, ¡madre! Somos un pueblo de muertos de hambre". *La Feria*

En su libro *La Feria*, *Juan José Arreola*, describe personajes que se angustian por la tierra y les preocupa no tener la razón, en un espacio donde aparentemente la fiesta se contrapone a la razón. Sin embargo *Juan José Arreola* fue para mí el primer ejemplo de la importancia de saber vivir el espacio público. En mis tiempos de estudiante, en una noche de fiesta donde invitamos a unas bailarinas del Ballet de la Universidad Guadalajara a cenar, nos encontramos con el maestro *Arreola* disfrutando la noche, también de fiesta, se sienta en nuestra mesa y nos da una lección de cómo saber disfrutar la ciudad, escribe unos poemas a nuestras amigas, nos cuenta anécdotas de la vida nocturna y al preguntarle por su ciudad, Ciudad Guzmán, Jalisco, se levanta de súbito, exaltado, y con voz alta nos corrige: muchachos, no vuelvan a mencionar ese nombre… jamás, el correcto es *Zapotlán el Grande*, el nombre con el que nació y vive. Comienza entonces a describir sus calles y sus rincones, sus fiestas y sus mujeres y terminamos brindando por la ciudad, por *Zapotlán el Grande*, por la vida. Con respecto a esta anécdota resulta una paradoja la coexistencia de una marcada fragmentación y heterogeneidad espacial en la organización metropolitana, con una extrema homogeneidad de las partes individuales que nos va volviendo de alguna manera insensibles a la ciudad, vamos perdiendo esta pasión por vivirla. La llamada maldición del espacio contemporáneo es la extrema fragmentación. Los centros comerciales se vuelven interesantes por sus fachadas y espacios exteriores y no por sus espacios interiores y por otro lado encontramos grandes paradojas como en la era de la información, donde la información es el comienzo y el final de todo. Aunque este mundo inmaterial e incorpóreo siga dependiendo de la electricidad generada por grandes estaciones generadoras de la misma, las transacciones *e-commerce* por internet dependen de los camiones para transportar las mercancías y el plano arquitectónico dibujado en la computadora termine construido con ladrillos. Las fuerzas culturales de los años '60 terminaron con la era pequeñoburguesa de las normas colectivas y los rituales forzados. Las nuevas tecnologías de consumo masivo confirman nuestro sentido de ser únicos. En cualquier espacio público, el *iPod* crea nuestro propio paisaje sonoro personal. Caminamos sin observar, sin escuchar más allá de nuestro propio mundo auditivo, ajenos al ritmo de la ciudad, aislados de los otros. En Internet, nos presentan un paisaje de información ajustado a nuestras necesidades y gustos personales, nos sentamos en un café, en otros tiempos el lugar perfecto para el intercambio de ideas, la discusión, el debate y la convivencia, solos, aislados, de hecho nos molesta estar con el otro, distrae nuestro mundo. Al mismo tiempo observamos el crecimiento de grupos de identidad con su propia narrativa colectiva, grupos ligados por estilos de vida, medios económicos, grupo étnico o causa común que se agrupan en sus propios barrios o sitios. Aunque no es esto una tendencia negativa en sí lleva el riesgo de crear islas incomunicadas y en un extremo la división entre "ganadores" o "perdedores". La tecnología nos permite unas relaciones más informales donde decidimos qué ver o escuchar o crear nuestra propia información a través de *You Tube*, *Facebook*, *Myspace* y *Blogger* sin ningún control en el intercambio cultural. Sin embargo otras relaciones sociales se van haciendo hiper-formalizadas, ya no utilizamos los fondos de uniones de crédito o la solidaridad del vecino que nos presta sino de grandes corporaciones bancarias que nos dictan las reglas a seguir, se vive en conjuntos de viviendas que nos dictan de qué color debe ser nuestra casa, dónde podemos y dónde no estacionar nuestro auto, nos limitan el tipo de plantas en el jardín, hasta el color de las cortinas. Diseñamos proyectos de arte público en espacios comerciales de publicidad que mimetizan el esfuerzo debilitando su poder de generar un cambio verdadero. Las ciudades pretenden ser cosmopolitas si tienen el mismo restaurante de lujo que el resto de las ciudades que se jactan de ser cosmopolitas, o las mismas tiendas de lujo, o los rascacielos más altos, o la arquitectura del mismo arquitecto estrella y nos encontramos un mundo globalizado que pretende la diversidad generando la estandarización de la vida. El diseño de ciudades que parecen ciudades pero, miradas con atención, adolecen de una parte importante de la cultura urbana. A menudo, estos diseños se centran en una o dos funciones específicas de la ciudad y se ocupan de uno o dos grupos específicos de usuarios y habitantes en la ciudad, pero deliberadamente dejan de lado los espacios públicos para la interacción o el conflicto entre los grupos. Sus fronteras son con frecuencia bordes duros, que tienden a aislar el diseño de la ciudad en general. Su identidad no es un proceso histórico continuo de negociación entre grupos, sino un proceso de arriba hacia abajo manejado por los diseñadores, a menudo a través de la tematización. Los espacios públicos suelen ser de imitación, como la plaza en los centros comerciales, pero no son verdaderos espacios públicos. Su uso está con frecuencia altamente formalizado y regulado. Se desarrollan grandes proyectos de urbanización basados en montos de inversión y no en impacto social. Los centros históricos se mueren, no hay un urbanismo visionario. Como en el arte se pretende limitar a lo nuevo y se niegan las bases y los procesos. Estamos ante un siglo XXI donde el aislamiento es una tendencia así que habrá que abrir la puerta y como el maestro Arreola brindar por la ciudad, y por la noche.

Organizaciones Ciudadanas

Ciudad Viva es una organización chilena cuyo objetivo es la protección de la ciudad, ellos cuentan su historia: En 2000, luego de cuatro años de intensa actividad como la *Coordinadora No a la Costanera Norte,* 25 organizaciones comunitarias, locatarios, artistas, residentes y otras agrupaciones activas, fundaron *Ciudad Viva*. Su compromiso fue tomar el conocimiento adquirido durante la lucha de cinco años contra el primer gran proyecto de autopista urbana en Chile (Costanera Norte), que hubiera destruido la rivera norte del río Mapocho y todo su patrimonio tangible e intangible, y ponerlo a disposición de las comunidades urbanas en conflicto o que estén buscando jugar un rol más activo en la planificación, para construir barrios y ciudades más justas socialmente y sustentables ambientalmente. Hoy, *Ciudad Viva* es una fuerza reconocida en temas urbanos. *La Voz de La Chimba*, su revista, empezó como un cartel pegado en las puertas de las casas y en carros de comerciantes y kioscos. Ahora tiene una circulación de 20.000, distribuida gratuitamente por toda la ciudad por niños, ciclistas, adultos mayores, mujeres y otros involucrados en temas de planificación, medioambiente, transporte activo y justicia social. En 2009, *Ciudad Viva* logró el primer lugar, a nivel de la Región Metropolitana, del Concurso de Buenas Prácticas para el Desarrollo de los Territorios, ha ganado dos veces el prestigioso Premio a la Innovación en Ciudadanía, otorgado por el Instituto de Políticas Públicas de la Universidad de Chile, la Fundación para la Superación de la Pobreza y la Fundación Ford. El 2002, fue por sus innovadores métodos participativos para el reciclaje, basados en liderazgos locales y sistemas existentes. El 2004, ganó este premio nuevamente, por su proyecto *Muévete por una ciudad mejor*: una propuesta ciudadana de transporte para la equidad. Las organizaciones ciudadanas se basan generalmente en tres elementos básicos que parten del respeto a la diversidad y la búsqueda del reconocimiento de los unos con los otros : El primero, la importancia del *volver a conocer*, que parte de la necesidad del conocimiento permanente y donde se plantea la relectura de los temas de la historia, la memoria y el patrimonio, que a la larga conducen al debate de cómo los actores sociales, políticos y culturales transmiten de generación en generación un conflicto procesado por las políticas urbanas. El segundo, *el derecho a la diferencia,* que es el reconocimiento al distinto y que tiene la finalidad de respetar al otro ,lo cual conduce a visiones muy distintas y plurales de la ciudad, pero también a la afirmación de la heterogeneidad como existencia. Esta propuesta recupera la noción de pluralidad, donde las fronteras asumen la condición de punto de encuentro y no de ruptura, contraria a la visión tradicional en que los límites motivan la segregación y los estigmas territoriales. Y la tercera, en la necesidad del *repensar la ciudad*, que busca la comprensión de la urbe desde una perspectiva que tienda a superar las concepciones de la ciudad, venidas desde lo físico o espacial, para socialmente construir un pensamiento abierto donde la cultura, la economía, la historia, la sociología y demás disciplinas se integren esta nueva visión. Encontramos el proyecto ciudadano *Parking Day Chile*, representante del proyecto *PARK(ing) Day internacional*, una celebración anual y global en la que artistas, diseñadores y ciudadanos comunes colaboran para transformar temporalmente (por un día) estacionamientos con parquímetro en espacios de PARK(ing) o áreas verdes públicas temporales. Es un proyecto abierto a la participación de todos con la intención de promover la creatividad, compromiso cívico, pensamiento crítico, relaciones sociales no planificadas, generosidad y juego. Lo que se trata es hacer hincapié en que es fundamental incorporar proyectos de participación ciudadana en el espacio público, un espacio que es de todos y no de ninguno, un espacio en el que podemos y debemos intervenir si queremos mejorar nuestra calidad de vida urbana.

IMAGINARIOS URBANOS

"Un imaginario colectivo se constituye a partir de los discursos, las prácticas sociales y los valores que circulan en una sociedad. El imaginario actúa como regulador de conductas (por adhesión o rechazo). Se trata de un dispositivo móvil, cambiante, impreciso y contundente a la vez. Produce materialidad. Es decir, produce efectos concretos sobre los sujetos y su vida de relación, así con sobre las realizaciones humanas en general."

Esther Díaz

Mi ciudad no es la misma que la tuya y sin embargo vivimos en la misma. Los chilenos conciben Santiago como una ciudad peligrosa aún cuando tiene los niveles más bajos de violencia en América latina, la majestuosidad de los volcanes que la circundan influyen de manera decisiva en su imaginación. La antropología, la sociología y las artes, aunque también la semiótica y la psicología, no han sido ajenas a esa preocupación y han planteado interrogantes y respuestas diversas, siempre como consecuencia de una forma de habitar o de querer habitar las ciudades. Armando Silva, director del proyecto *"Culturas urbanas de America Latina y España desde sus imaginarios sociales"*, y editor de la serie *"Ciudades imaginadas"*, con Taurus Editores, dice que "los imaginarios no son sólo representaciones en abstracto y de naturaleza mental, sino que se "encarnan" o se "incorporan" en objetos ciudadanos que encontramos a la luz pública y de los cuales podemos deducir sentimientos sociales como el miedo, el amor, la ilusión o la rabia. Dichos sentimientos son archivables a manera de escritos, imágenes, sonidos, producciones de arte textos de cualquier otra materia donde lo imaginario impone su valor dominante sobre el objeto mismo. De ahí que todo objeto urbano no sólo tenga su función de utilidad, sino que pueda recibir una valoración imaginaria que lo dota de otra sustancia representacional". La imagen propia de la ciudad es difícilmente expresable en palabras sin embargo entenderla nos permite comprender mejor los fenómenos urbanos. ¿Cómo diseñar un espacio urbano sin entender cómo se imagina la ciudad el propio habitante? En el evento *"Imaginarios urbanos en América Latina, archivos"* llevado a cabo en Barcelona, España en 2007 *María del Carmen Ramírez*, en su bello artículo "Por una ciudad posible", desde una mirada estética, introduce el concepto de los espacios interfases, como los espacios de tránsito, de tensión, de transición, de acoplamiento entre el adentro y el afuera, pero también como espacios entre las dos caras del adentro y el afuera, como máscara, como vitrina o como espacio flexible entre ambos. Como posibilidad de encuentro que permite la vida misma, el acercamiento a la interioridad, con lo otro, que posibilita la vida misma, como condición de existencia de todo lo vivo, del eros, de lo que nos permite vivir, que es el encuentro con lo otro, lo diferente, lo opuesto a uno mismo, lo que articula identidad y alteridad, planteado desde *Freud*. De esta manera y en relación directa con una mirada poética y estética del espacio aparece la posibilidad de la coexistencia de la singularidad íntima del adentro, con la pluralidad diversa del afuera y del otro, de lo privado y lo público, en las relaciones entre los lugares, ya no solamente espacios físicos, sino espacios vividos, significados, amados y recordados, en los que el encuentro con lo propio y lo diverso tiene lugar. Donde la utopía del encuentro posible entre los otros diferentes y diversos se hace realidad mas allá de las clasificaciones excluyentes de las lógicas positivas que no permiten explicar y comprender el mundo por fuera de ciertas racionalidades y lógicas científicas o sociales excluyentes, como las que condujeron a cerrar los conjuntos habitacionales, que nos llevan a crear islas de miedo, como lo anotaba *Rosanna Reguillo* en el seminario llevado hace unos años en el Colegio de la Frontera y convierten en pequeños guetos algunos de los espacios de las ciudades que buscaban cerrar las opciones de encuentro con lo otro y los otros diversos de la ciudad. Así yo no conozco la otra parte de la ciudad y no la concibo en mi propio imaginario de mi ciudad, si tú vives en San Diego aunque tengas visitas periódicas a Tijuana no concibes la ciudad igual que el obrero que labora y vive en la zona industrial de Otay. En la exposición *Pintando la Educación*, en el Centro Cultural Tijuana-Cecut, podemos percibir cómo a través de las obras de arte en los libros de texto en México, se construyó una imagen de país que no todos compartían. Los medios de comunicación dan un cariz de verosimilitud a los temas que tocan. Los medios sintetizan la información, y al hacerlo comúnmente simplifican un evento, lo traducen al lenguaje de lo previsible, y de ahí se forma un consenso casi inmediato con muchos públicos de que las cosas son así, y no de otro modo. *Miguel Ángel Aguilar Díaz*, investigador mexicano, observa que la privatización de lo público se da en el contexto de gobiernos locales que buscan mayores ingresos, de manera que servicios y equipamientos colectivos que antes eran de libre acceso o de costo reducido requieren ahora de un mayor pago para acceder a ellos, o de plano desaparecen. En este énfasis en la ciudad autofinanciable, los programas sociales que funcionaban como un mecanismo de redistribución del ingreso (salud, educación, transporte, por mencionar algunos) se ven seriamente afectados. Del mismo modo la cultura, las políticas culturales, pasan a un segundo plano, si es que bien les va. Con esto, una de las más poderosas herramientas para difundir mundos simbólicos, lenguajes colectivos, sentido de comunidad, y al mismo tiempo crear públicos para ofertas no mercantiles, se ve seriamente afectada. Así, la reducción de lo público, en su acepción de acción del Estado, incide significativamente en lo público como esfera de la vida en común. Frente a la ausencia de un espacio social aglutinante, emerge de manera constante la estrategia de «sálvese el que pueda», lo que dificulta acuerdos entre iguales. El reto es entender qué le hacen a las nociones de identidad y fronteras los desplazamientos y los innumerables referentes que pueden configurarlas. Imaginar para construir una ciudad viva.

De pensamiento, palabra, obra y omisión

Cuando hablamos del espacio urbano encontramos contrastes significativos detrás de los cuales hay una historia de ausencias, olvidos, descuidos e ignorancia. ¿Cuándo hemos escuchado referirse al color en la planeación de nuestra ciudad? La arquitectura y el urbanismo son sistemas de significados en los que la luz aporta mucho, siendo imposible separar la función de la forma, el material de su color. *Armando Silva* realiza una caracterización de los imaginarios urbanos de algunas ciudades latinoamericanas a partir de la policromía. "Las sensaciones llegan a constituirse en alta valoración emblemática, como lo podemos ver de sus escalas cromáticas: seis ciudades son grises, Bogotá, Ciudad de México, La Paz, Lima, Santiago de Chile y San Pablo; mientras cuatro son azules, Barcelona, Montevideo, Quito y Ciudad de Panamá, y dos verdes, Buenos Aires y Caracas. Si uno fuese por esta vía cromática y sensorial llegaría a una conclusión desconcertante: América Latina es gris", el uso del color ha estado vinculado a las formas de lectura de los símbolos sociales, culturales, políticos y económicos, claramente marcados por la sociedad. Un amigo cubano, radicado en San Diego CA, me comentaba que lo que más extrañaba de la isla era el color y sólo lo había encontrado en Florida. Otro amigo contaba de su depresión viviendo en el norte de Canadá por los largos meses blancos de nieve. En Tijuana se ha propuesto la inclusión del color a través del sembrado de geranios que se encuentran en gran parte de la ciudad y no requieren de gran mantenimiento, por otro lado se incentiva al sembrado de buganvillas, de gran colorido. Y podemos escuchar historias del cambio de ánimo al incluir color en nuestros espacios. Esto nos remite a la percepción visual del espacio urbano, al recorrer la ciudad, el hombre se ve afectado por el aspecto del espacio y las cosas que le rodean. Si los elementos arquitectónicos y urbanos significativos se presentan desarticulados inciden negativamente sobre la percepción del orden y la unidad de la estructura formal de la ciudad, lo que dificulta la formación de imágenes claras y legibles. Hemos insistido, por ejemplo, en el resultado positivo que puede tener el centro de la ciudad con tan sólo eliminar y regular los anuncios instalados en las fachadas de los edificios. La relación existente entre la percepción visual y la ciudad se debe a que los objetos observados en la misma no son otra cosa que la fuente estimulante de observación. La variedad de sensaciones que se presentan al observarlos se puede organizar en grupos. Así, se puede asumir que los elementos arquitectónicos y urbanos son objetos o entidades que pueden segregarse, agruparse y organizarse de acuerdo a las cualidades que presentan al ser percibidos, asegurando su identidad y estructura formal. El arte urbano interviene en el espacio como un elemento de cohesión y da sentido a los distintos componentes. La artista brasileña *Renata Lucas* interviene el espacio con materiales "suaves" propios de una casa jugando con referencias visuales del espacio privado y del espacio público, para dar a los lugares cotidianos, una segunda dimensión en la que las fronteras entre dentro y fuera, hogar y calle se diluyen. *Michael Cataldi* va más allá y utiliza los defectos para transformarlos en un toque de atención, como rellenar con flores un bache en la banqueta y de esta manera aquello que nuestra percepción consciente ya no capta pero sigue afectando nuestros sentidos vuelve a nuestra zona de alerta. Las regulaciones urbanas deberían contemplar factores de orden cualitativo dentro de sus normativas. Pocas veces se intenta en la actualidad diseñar una forma de esta naturaleza. El problema en su totalidad es descuidado o queda relegado a la aplicación ocasional de variables urbanas, previstas en los reglamentos municipales de zonificación de la ciudad o de variables de planificación territorial, las cuales han demostrado ser indiferentes a las cualidades de cohesión perceptual de la imagen. Las variables urbanas, en la actualidad, lejos de ofrecer alguna garantía para intervenir sobre la imagen visual en las zonas centrales de la ciudad, establecen índices cuantitativos de ocupación, densidad, alturas, retiros, entre otros, que como se mencionó, no ofrecen garantía alguna sobre la cohesión perceptual de la imagen urbana. El desarrollo del pensamiento y la educación visual deberá tener tanta importancia como lo observado. Si el arte y los espectadores se desarrollan al mismo tiempo, nuestras ciudades constituirán el punto de partida para la satisfacción de las experiencias vivenciales de sus habitantes. ¿De qué pecan nuestros planificadores y reguladores del espacio público? ¿De pensamiento, palabra, obra u omisión?

Democratización de la vida urbana, Iniciativas inteligentes.

Tianguis (del náhuatl *tianquiztli* 'mercado') *es el mercado tradicional que ha existido en Mesoamérica desde época prehispánica, y que ha ido evolucionando en forma y contexto social a lo largo de los siglos. La herencia de los tianguis es una mezcla de las tradiciones mercantiles de los pueblos prehispánicos de Mesoamérica, incluyendo el azteca y de los bazares del Medio Oriente llegados a América vía España. En el siglo XV, el tianguis se establecía en períodos determinados durante los cuales se reunían los vendedores de los pueblos de los alrededores para ofrecer sus productos en una plaza.*

Los tianguis o mercados sobre ruedas han sido un aspecto de la ciudad que se ha dejado como algo inevitable y por lo tanto no se le presta atención. Sin embargo en nuestra cultura son importantes en la economía familiar y en el sentido de uso del espacio público de manera libre. El tema de los tianguis es una oportunidad de tomarlos en cuenta dentro de un desarrollo urbano orientado a la democratización de la calidad de vida. Son verdaderas fuentes de redistribución del desarrollo, en el sentido de que esta actividad económica involucra una red ligada a una realidad social de los sectores más vulnerables. Se necesita entenderlas como inversiones urbanas, como infraestructuras más *"soft"* que una inversión en pavimentos, pero que esta "suavidad" tiene que ver con la democratización de la calidad de la vida urbana y de la recuperación de barrios vulnerables. Es evidente que abordar este tema con esta perspectiva no se ve en el diseño de las políticas públicas y la forma de reacción de los municipios resulta poco realista. Como proyecto urbano conforman una estructura comercial y productiva cuyas bases se anclan en espacios muy locales,; los "emprendedores" son vecinos, por lo que los prestadores de servicios están a una altura similar en la escala social e incluso dentro del espacio en el que se vive. Algo tan abstracto como el "desarrollo económico" es visible e incluso apropiable. Esto es todo lo contrario a un supermercado de una empresa de menudeo, donde quienes son "dueños" jamás formarán parte de la misma experiencia de sus clientes, articulándose como instituciones sin rostro, incluso probablemente empresas transnacionales. Además refuerzan el valor del comercio informal, un gran patrimonio cultural y productivo que nos cuesta entender, y rompen con la visión imperante de la zonificación y la especialización de usos, mezclando infraestructura vial (calles) con una plaza, un mercado, una plataforma de servicios. Se trata de un campo poco estudiado y en el que no se invierte mucho. Hay esperanzas de cambio: en Chile, país cuyo desarrollo se ha visto en aumento a la par que una reflexión seria y crítica de su entorno ha emprendido acciones en el tema. Los tianguistas que participaron en el Programa de Modernización de Ferias Libres(tianguis) implementado por el Servicio de Cooperación Técnica (Sercotec) se vieron beneficiados con una importante inversión estatal y es de las pocas veces que puede apreciarse una política pública real de apoyo al desarrollo económico local que los tianguis representan. En el mencionado programa "los objetivos de las postulaciones abordaron aspectos como la disminución de brechas para aumentar la competitividad en los mercados locales; obtener una mejor organización gremial y desarrollar programas de asistencia técnica, como gestión empresarial, modelo de negocios, comercialización e impacto ambiental, entre otros". Además la alianza entre la Asociación Chilena de Ferias Libres, y algunos municipios, hizo posible la realización de la jornada de promoción del consumo de frutas y verduras, bajo el lema "De la Tierra a su Feria", la cual tiene como propósito enseñar a los vecinos a cocinar de manera saludable y ahorrar dinero en esta época de crisis. Un alcalde municipal señaló que "es fundamental cuidar la salud y el bolsillo de los chilenos, por eso nos dedicamos mucho a tiempo a preparar esta actividad, ya que su propósito es enseñarle a los vecinos a cocinar de manera saludable, utilizando productos como frutas y verduras que son más baratas también y, permiten hacer comidas ricas ahorrando unos pesos en esta época en que el dinero escasea. En la oportunidad, el público pudo conocer de las técnicas de cultivo de frutas y hortalizas, consejos de alimentación saludable, aprender recetas económicas realizadas en bases a frutas y verduras con chef profesionales, se realizaron actividades para los niños y hubo degustación gratuita de frutas, verduras y jugos naturales". Pero no todo se acaba aquí, el grupo ELEMENTAL un *Do Tank* asociado a la Pontificia Universidad Católica y Copec, que tiene su foco en el diseño e implementación de proyectos urbanos de interés social e impacto público y que se sustenta en tres principios: A. Pensar y construir mejores barrios, viviendas y equipamiento urbano es indispensable para el desarrollo y para romper círculos viciosos de inequidad en nuestras ciudades; B. Para que este salto cualitativo resulte relevante, los proyectos son construidos bajo condiciones de mercado y políticas públicas estándar, buscando hacer "más con lo mismo"; C. Por calidad se entienden proyectos cuyo diseño asegure la valorización de la inversión en el tiempo, para dejar de considerarse meramente "gasto social". Propone una solución arquitectónica a los tianguis o mercados sobre ruedas: partiendo que cada vez más, los tianguis deberán reubicarse en la ciudad, formalizando su instalación en espacios especialmente adaptados, con nuevos y mayores estándares sanitarios, el proceso paulatino de reubicación de los tianguis es una enorme oportunidad de dotar de espacios públicos a sectores de la ciudad que tienen un histórico déficit en ese sentido. Los espacios diseñados para las ferias deberían ser pensados para responder a más de un requerimiento, incluyendo la ecuación del tiempo (espacio) disponible para la comunidad los días en que no opera la feria. La propuesta consistente en un gran techado ligero más la pavimentación necesaria para el manejo de la basura y la circulación de mercancías, la iluminación, cubiertas y los servicios sanitarios, debieran tener la doble condición de ser además multi-canchas, espacios multiusos, paseos o simplemente la sombra que la periferia no tiene. Las obras mínimas tienen un potencial enorme para convertir la mera infraestructura en un buen lugar. Una iniciativa inteligente que bien puede ser una señal de cambio en beneficio de un espacio público más amable.

El Arte Contemporáneo y la sociedad actual.

El momento histórico del arte contemporáneo es marcado por las grandes instituciones, como la Iglesia, perdiendo la influencia que solían tener. La Postmodernidad es la época del desencanto. Se renuncia a las utopías y a la idea de progreso. Se produce un cambio en el orden económico capitalista, pasando de una economía de producción hacia una economía del consumo. Desaparecen las grandes figuras carismáticas, y surgen infinidad de pequeños ídolos que duran hasta que surge algo mas novedoso y atrayente. La revalorización de la naturaleza y la defensa del medio ambiente, se mezcla con la compulsión al consumo. Los medios de comunicación y el marketing se convierten en centros de poder: no importa el contenido del mensaje, sino la forma y el grado de convicción que produce, desaparecen las ideologías como forma de elección de los líderes y es reemplazada por la imagen, lo que no aparece por un medio de comunicación masiva, simplemente no existe para la sociedad, aleja al receptor de la información, convirtiéndola en mero entretenimiento. Se pierde la intimidad y la vida de los demás se convierten en un espectáculo. La revolución para las nuevas generaciones sólo ve la envoltura y no el fondo de los problemas. *Sealtiel Alatriste* comenta que "El arte actual se caracteriza por haber hecho añicos valores estéticos tradicionales: la permanencia en el tiempo, la trascendencia a través de los objetos, el uso de materiales no considerados *bellos*, o la fusión de elementos de otras disciplinas. El arte contemporáneo se basa en el concepto, puede ser también versátil y fugaz como un instante efímero; el arte contemporáneo se sirve de cualquier cosa, utiliza como pretexto estético multitud de objetos que para muchos serían intrascendentes; el arte contemporáneo se sirve del ruido, la basura, el desperdicio, la fugacidad de la luz, la inmanencia de la memoria, para dar forma a sus piezas e instalaciones. Es indudable, por ello, que la característica que aglutina, da cohesión y sentido a sus artistas, es la libertad. Sin una libertad prácticamente ilimitada es impensable que una instalación sonora, una pieza que juega con la luz y que tal vez durará unos cuantos días, o el uso de una rueda como símbolo de quietud se conviertan en objetos artísticos". La crítica al arte contemporáneo suele venir del mismo ambiente del arte y se basa en tres aspectos principalmente: *Disminución de la exigencia técnica*. En el caso de las tendencias contemporáneas hay un verdadero desprecio por la propia importancia del elemento técnico, habiendo textos conocidos incluso que desprestigian el oficio, igualándolo al virtuosismo. En muchos casos los artistas son meramente directores y el trabajo gráfico lo realizan artesanos u operarios. *Oficialismo*. El arte contemporáneo usualmente entendido como tal es enseñado en academias, facultades de Bellas Artes, editado en lujosas ediciones, expuesto en museos, comprado por gobiernos nacionales y regionales, subvencionado por estos gobiernos, ayuntamientos y hasta codiciado por bancos, empresas y coleccionistas privados. Es decir, es bendecido por la oficialidad, por las instituciones, como ocurrió en el siglo XIX con el arte académico. Según esta crítica el arte contemporáneo no es tal, sino sólo arte contemporáneo oficial y académico, dados sus compradores y que se imparte en la enseñanza oficial (academia). *Excesiva teoría*. Aunque se presupone que este arte surge de una respuesta de los artistas a la imposibilidad de la originalidad, basta hojear catálogos de exposiciones, premios, recortes de prensa, etc., para ver que todavía se utiliza la originalidad y la novedad como rasero para los artistas. En cualquier caso hay un evidente divorcio entre estas formas de arte y el público, que apenas llega a comprender el impresionismo del siglo XIX. En general es necesario recurrir a la literatura especializada o muchas veces a los letreros con explicación que acompañan a las obras para que el grueso del público entienda lo que se expone. Esto explica el alejamiento del gran público a las exhibiciones de arte contemporáneo. *Arthur C. Danton*, crítico de arte, afirma que "La conclusión es que ya no es posible aplicar las nociones tradicionales de la estética al arte contemporáneo, sino que hay que centrarse en una filosofía de la crítica de arte que pueda arrojar luz con la que quizá sea la característica más sorprendente del arte contemporáneo: que todo es posible". Y más sorprendente es que el arte sobreviva en un medio a pesar de la inexistencia formal de galerías de arte, de la ausencia de crítica de arte y de la precaria actividad curatorial. Sin revistas especializadas en arte, sin medios de comunicación que les interese, sin incentivos al coleccionismo, si es que existe. Donde los creadores se confrontan con las instituciones, donde el regionalismo se respira a diario. El arte como reflejo de un momento histórico nos da la esperanza que esta transición se supere de un momento al otro. Para bien del arte y de todos.

La resignificación de los significados.

"La evolución ineluctable de la sociedad industrial hacia la destrucción de los grandes sistemas discursivos y su sustitución por una nube de pequeñas moralidades comunitarias cuya quintaesencia sería la caída en lo fútil y en el artificio" *Jean-François Lyotard*

Sé que el título de este escrito parece incongruente o confuso pero no encontré otra manera de hacer énfasis en la importancia de la resignificación como medio de entender un entorno tan complejo como la frontera. Partiendo de la concepción de cultura de *Clifford Geertz*, como un esquema históricamente transmitido de significaciones representadas en símbolos, un sistema de concepciones heredadas y expresadas en formas simbólicas, es necesario observar que estas significaciones y símbolos son influenciados por un contexto en un momento dado y en un medio existente. El conjunto de propósitos, intereses, expresiones, sentimientos, símbolos que se manifiestan en la vida cotidiana se encuentran en permanente resignificación en diferentes tiempos y espacios, varían o incluso se reactivan, sobre todo por la dinámica social que la influye como, la industrialización, los cambios religiosos o generacionales, o la migración, o el mercado, elementos que la han impactado de forma distinta en los contextos donde se presentan. El arte, una de las manifestaciones más visibles de la cultura, es un buen ejemplo de esto. *Baudrillard* sugiere que el mundo en el que vivimos ha sido reemplazado por un mundo copiado, donde buscamos nada más que estímulos simulados. Con el desarrollo de Internet y las nuevas tecnologías se pueden crear, casi literalmente, nuevos mundos de los que, en cierto sentido, se puede decir que no necesitan de la materia prima del mundo real para existir e interactuar, a lo que se le llama *Hiperrealidad*. El documental *Opèration Lune*, dirigida por *William Karel*, sobre la llegada del hombre a la luna es la descripción de una hiperrealidad, la simulación de algo aún cuando se hubiera producido en la realidad, pero que una obsesión por la perfección y por ver la realidad reemplazada por una copia, hace que se presente al mundo entero lo simulado como algo real. De forma relativamente incontestable, además, porque jamás podríamos demostrar que el hombre no pisara la luna realmente, y aunque demostráramos lo contrario no iríamos tampoco contra la tesis defendida en el documental. Otros ejemplos de hiperrealidad serían las bebidas deportivas de un sabor que no existe (Xtreme, Fierce, X-factor). La foto de una modelo que se retoca con ayuda de una computadora antes de publicarla en una revista. La pornografía (más sexy que el sexo mismo). Las relaciones amorosas creadas y mantenidas exclusivamente a través de Internet (cibernoviazgo) Hay una simulación verdadera y una simulación falsa, en el arte y en todo lo demás. Por ejemplo, cuando *Warhol* pinta las sopas Campbell en la década de los sesenta es un lance imprevisto, un brillo sorprendente de la simulación, y para todo el arte moderno, de un solo golpe, el signo (objeto)-mercancía, queda irónicamente sacralizado. Pero cuando *Warhol* pinta las mismas sopas Campbell en 1986, es decir, veinte o veinticinco años más tarde, ya no está en absoluto en el brillo de la simulación, está en el estereotipo de la simulación. En el primer momento, *Warhol* atacaba el concepto de originalidad de una manera original, pero en 1986 por el contrario reproduce lo no original de una manera también no original. Se puede pensar que se trata de una ironía superior más que de rehacer la misma cosa veinte años después. Vivimos en un mundo de simulación, en un mundo donde la más alta función del signo consiste en hacer desaparecer la realidad y enmascarar al mismo tiempo esa desaparición. El arte no hace otra cosa. Los medios actuales no hacen otra cosa. Es por esto que están dirigidos al mismo destino. Todas las utopías de los siglos XIX y XX han expulsado la realidad de la realidad, y nos han dejado en una hiperrealidad vacía de sentido. Todas las cosas quieren hoy manifestarse. Los objetos técnicos, industriales, mediáticos, todos los artefactos quieren significar, ser vistos, ser leídos, ser registrados, ser fotografiados; y es cómo *Warhol* lo prometió, todos queremos nuestro 15 minutos de gloria. En la arquitectura los edificios de *Frank Gehry* (museo Guggenheim) sientan una presencia donde en realidad nada hay que ver. Entre las distintas corrientes del arte contemporáneo se entreteje una red de intereses de mercado donde el arte no se vende, al artista no se le compra obra se le patrocina, se vende lo que parece una corriente de arte en el mundo de los patrocinios al arte. Nada es real. Y volviendo al principio: es una manifestación cultural de un momento histórico, de un entorno dado, donde resignificarlo-encontrarle nuevos significados- se convierte en tema de sobrevivencia. *André Breton*, influyente pensador del surrealismo, decía que la mayor debilidad del pensamiento contemporáneo parece residir en la *sobreestimación de lo conocido* con respecto a lo que *está aún por conocerse*.

El desafío de la convivencia

"En el campo, uno, por pobre que sea, nunca se deshumaniza. Pero en la ciudad sí"

Según Naciones Unidas hay más gente viviendo en ciudades que en el campo. Se calcula que en 40 años el 70% de la población será urbana. Este es el tema de la expo de Shanghai 2010 cuyo lema es "Mejor ciudad, mejor vida". El tema no es menos oportuno, esta situación de "ciudadanización" nos lleva a enfrentar serios problemas de habitabilidad y nos enfrenta a un proceso de deshumanización y contaminación. La ciudad es el sitio donde muchos hemos ido para encontrar otra vida. En las ciudades indias la gente viaja en autobuses parecidos a los de Londres. Allí coinciden el *gopi*, la persona que lava los pies, y el prestamista. Provienen de estratos sociales distintos. En un pueblo jamás llegarían a hablar. Pero en el autobús urbano se tienen que sentar uno al lado del otro. "Eso es lo maravilloso de las ciudades. *Gandhi* intentó desesperadamente abolir el sistema de castas. Y el autobús, sin ningún objetivo político, lo ha conseguido. Por eso las ciudades son lugares de esperanza". Habla *Charles Correa*. El arquitecto que diseñó Navi Mumbai, la nueva Bombay para dos millones de habitantes, y asegura que lo peor del urbanismo actual es "que el poder político utilice suelo urbano para financiarse". Esa lacra mundial está cambiando las ciudades. Y el mundo. Vivimos en un mundo urbano. Con más de la mitad de la población del planeta asentada ya en áreas metropolitanas, nada parece poner freno al crecimiento de las ciudades. Para 2050 se espera que el 70% de la población mundial sea urbana y que sólo el 14% de los habitantes de los países desarrollados viva en el campo. Lo ha contado *Anna Tibaijuka*, directora del Programa de Asentamientos Urbanos (Habitat) de Naciones Unidas, en la presentación del último informe sobre el *Estado de las ciudades del mundo,* en marzo en Río de Janeiro. El estudio describe un panorama preocupante: las ciudades se han convertido en paisajes contradictorios en los que la tradicional tierra de oportunidades convive con el terreno abonado para las desigualdades."En las ciudades hay desigualdad porque el sistema global que las rige vive y se alimenta de la desigualdad", sostiene el antropólogo *Manuel Delgado*. El autor de *La ciudad mentirosa. Fraude y miseria del 'modelo Barcelona'* considera que, en la urbe capitalista, la desigualdad no es un accidente, sino "el elemento consustancial que permite hacer de ella un factor de enriquecimiento de una minoría a costa del trabajo y de la miseria de una inmensa mayoría". Y asegura que lo que explicaba Engels cuando reflexionaba sobre el Londres de mediados del siglo XIX no ha cambiado demasiado. "Más bien, se ha agudizado". Así, las desigualdades persisten y aumentan. Pero las ciudades no dejan de crecer. Tras la primera década del siglo XXI, las grandes urbes de los últimos años se perfilan ya como las futuras megarregiones de la próxima década. Y los 135 kilómetros comprendidos entre Hong Kong y Guangzhou, en China, como la región metropolitana más poblada del mundo con 120 millones de habitantes. El doble de los que se calcula que pueblen en 2015 el eje Nagoya-Osaka-Kyoto-Kobe en Japón y el triple de los habitantes de la región que se extiende entre Río de Janeiro y São Paulo hoy. "La ciudad es un atajo eficiente para adquirir la equidad", asegura el arquitecto chileno Alejandro Aravena. "En los indicadores de cualquier ámbito, la ciudad lo ha venido haciendo mejor que el campo desde siempre. Por tanto, cuanta más gente se mueva hacia la ciudad, mejor. El problema es que acabamos de cruzar un umbral en el que este proceso se magnifica y no hay conocimiento suficiente para contestar a la pregunta de cómo hacer ciudades a la velocidad y a la escala que se necesita". La deshumanización va más allá de que empresas como Coca Cola, Hermès y Zara compartan sus anuncios en las avenidas principales del mundo, parte del problema estriba en que la escala del turismo global y el consumo visual han redibujado las tradiciones de lugares y paisajes impulsando la aparición de ciudades ficticias. Venecia es un claro ejemplo. A comienzos del siglo XX, varios barrios del mundo con canales y puentes recibieron ese nombre. Hay uno en Los Ángeles, y España tiene otro al sur de Valencia. También recibió el nombre de la ciudad italiana un casino de Las Vegas con un palacio ducal, góndolas y una réplica del puente de Rialto de cartón piedra. La clonación forma parte del nuevo espectáculo del turismo con sed de circo y bibliografía de libro Guiness de los récords. ¿Hay soluciones para vivir mejor en las ciudades en las que, parece que inevitablemente, nos tocará vivir? En una época de vacas flacas, los zurcidos y los remiendos urbanos están empezando a ser mejor vistos que los grandes proyectos de las décadas pasadas. Percibidas como remedios temporales más que como soluciones urbanas, algunas acciones individuales están produciendo cambios colectivos. En algunos casos, a la iniciativa de los ciudadanos se junta la visión de los políticos. El alcalde de São Paulo, *Gilberto Kassab*, estableció en 2006 la "ley para una ciudad limpia", prohibiendo todo tipo de publicidad en espacios públicos. Desaparecieron más de 15.000 carteles de autobuses y escaparates. Hubo debate sobre si la publicidad era cultura, pero se redescubrieron zonas de la ciudad literalmente tapiadas por los anuncios. Esa hazaña la recuerda hoy la muestra *Ciudades habitables, ciudades de futuro,* instalada permanentemente en La Casa Encendida de Madrid. La exposición explica que se pueden construir espacios urbanos incluso cuando la planificación y el Gobierno están ausentes. Y demuestra cómo, al margen de la realidad oficial de las ciudades, existe una realidad informal y auto-organizada que puede mejorar la vida de la gente y que podría ayudar a dibujar otras ciudades. Recuerda, por ejemplo, cómo en el año 2000 en *Tirana,* la capital de Albania, se puso en marcha un programa de regeneración urbana pintando con colores brillantes los deteriorados bloques de viviendas. El alcalde *Edi Rama* había sido antes escultor, jugador de baloncesto y ministro de cultura. Y decidió impulsar un programa de regeneración barato con un "ejército" de pintores voluntarios dispuestos a colorear la ciudad degradada. Tras varias décadas de estalinismo y maoísmo, *Tirana* pasó de ser un lugar degradado a adquirir una fisonomía pop. En 2004 *Rama* se hizo con el título de mejor alcalde del mundo. Y en 2005, la revista *Time* lo nombró héroe del año. "El color no resolverá los problemas de la ciudad, pero puede motivar a los ciudadanos", señaló el entonces alcalde de la ciudad. Hoy podemos apreciar en su arquitectura el impulso inicial. ¿Por qué, aun siendo lugares de extrema desigualdad, las ciudades siguen resultando atractivas? Las oportunidades de supervivencia económica son siempre mayores donde hay más densidad (de personas, actividades, necesidades y de probabilidades de dar un giro a la vida). *Francesc Muñoz* habla de un "efecto llamada" y de un "efecto red". Que alguien consiga mejorar su vida tras llegar a una ciudad (aunque 100 no lo hayan conseguido) anima a intentar mejorar otras vidas. El efecto red refleja que, con el tiempo, las migraciones logran establecer una red de acogida en la ciudad. No van a cualquier lado: van a las ciudades donde otros inmigrantes fueron antes. Y ofrece un consejo a los políticos que no hayan tenido tiempo de pararse a observar: "La ciudad puede y debe ser mucho más que una superficie limpia y pulida. Debe ser el lugar donde recuperar la variedad".

¿Por qué no vimos al elefante que nos aplastó?

El tiempo que te quede libre
si te es posible, dedícalo a mi
a cambio de mi vida entera
o lo que me queda y que te ofrezco yo
María Dolores Pradera

García Canclini nos dice que -el uso del tiempo libre nos construye como ciudadanos, como sujetos sociales "sujetados", nos impulsa o impide pensar, sentir y actuar sobre la realidad y sobre nosotros mismos- esto nos remite a lo que alguna vez comentamos de las *esferas de lo público*, aquellos espacios públicos que se salvan de la privatización, entre los cuales encontramos las galerías de arte, los museos, centros culturales, relacionados directamente con el aprovechamiento del tiempo libre. Se tiende a hablar en estos espacios de "los públicos" etiquetándolos como consumidores, equiparando la gestión cultural al espectáculo, al 'show" alejándolos de su calidad de "usuarios", esto es personas ligadas al espacio por relaciones más allá de la "visita", relaciones de cooperación de distinto orden desde mucho antes de su apertura o de la inauguración de sus exposiciones y actividades como lo comenta *Graciela Schmilchuk*, especialista en museos, comunicación , educación y públicos, política cultural y escultura pública contemporánea, y que continúa comentando que " no obstante, los museos podrían colaborar con esos equipos manteniendo sus archivos organizados, completos y abiertos a la consulta de los investigadores. Esto parece muy sencillo y no lo es, porque requiere criterios claros acerca de la importancia de conservar o no los diversos documentos y testimonios. Esa misma conciencia es la que permitiría que cada museo tuviera actualizados su inventario de colecciones, sus listas detalladas de exposiciones y las actividades paralelas; el registro fotográfico o en video de las museografías y de los comportamientos de los visitantes, los libros de opiniones y sugerencias, los expedientes de publicidad generados, así como de la recepción en la prensa. En México al menos, es casi imposible disponer de tales fuentes y el investigador (y el usuario) se topa con dificultades casi insuperables ante la pérdida o dispersión de la memoria documental. Con este aporte de cada museo, las investigaciones académicas encontrarían fuentes para realizar sus análisis y arrojar luz sobre la relación museo-sociedad y museo-público. Es necesario subrayar la conveniencia de que los tres sectores: museos, instituciones de las cuales dependen y universidades, trabajen juntos sobre proyectos específicos. Esto daría ciertas garantías para que se apliquen algunas medidas recomendadas por dichos estudios. Tales cuestiones indican que estamos ante un cambio de paradigma museológico: de museo que exhibe colecciones, al museo que expone y se expone, queriendo comunicar; de una idea de público general indiferenciado a otra de públicos con competencias e intereses diversos o de consumidores efectivos y potenciales como agentes económicos en una relación de mercado, definidos por sus expectativas, necesidades, percepciones y prácticas respecto a un producto; de la función de conservación e investigación a la de comunicación y destreza administrativo-financiera. Es decir, el modelo empresarial permea buena parte del nuevo paradigma". Y hay otro sector del qué ocuparse: los no visitantes. Los que no asisten al espacio para desarrollar estrategias que interesen a ese otro "usuario" potencial. Cuando hablamos de gestión cultural es indispensable la visión global, abierta, sin dejar fuera lo que aparenta ser sólo un sujeto de la mercadotecnia, como el usuario. El espacio público optimizado. El usuario que a medida que asume el tiempo libre como una forma de desarrollo reconfigura el sentido de la ciudad y de sí mismo evitando así ser aplastado por un elefante.

La cultura modifica nuestro cerebro
El cerebro modifica nuestra cultura

En el libro *The brain that changes itself* (El cerebro que se modifica a sí mismo) de *Norman Doidge, M.D.* se anota que la cultura no solamente es producida por el cerebro sino que también por definición es una serie de actividades que le dan forma al pensamiento. La cultura se forma a través de la capacitación en varias actividades como el arte, la interacción con otras personas, el uso de tecnologías, el aprendizaje de las ideas, creencias, filosofías, el aprendizaje de las ideas, creencias, filosofías y la religión. Los estudios de neuroplasticidad muestran que cada actividad registrada, incluyendo actividades físicas, sensoriales de aprendizaje, el pensar y la imaginación, modifican el cerebro a la vez que a la mente. Nuestros cerebros son modificados al leer, al estudiar música o al aprender nuevos lenguajes. Nos comenta el autor acerca de los "Gitanos del Mar", una tribu nómada que vive en las islas tropicales del archipiélago de Burma y fuera de la costa oeste de Tailandia. Una tribu que aprende primero a nadar que a hablar o a caminar y viven más de la mitad de su vida en embarcaciones en alta mar, donde generalmente nacen y mueren. Los niños descienden más de 30 pies bajo el agua para conseguir su alimento y lo han hecho por siglos. Aprendiendo a regular el ritmo de su corazón pueden permanecer bajo el agua el doble que cualquier persona normal sin utilizar ningún equipo para buceo. Una de las tribus la *Sulu*, bucean más de setenta y cinco pies para sacar perlas. Pero lo que más distingue a los niños de esta tribu es que ven claramente bajo el agua sin necesidades de máscaras de buceo o googles, los investigadores encontraron que estos niños aprenden a controlar la forma de sus ojos así como el tamaño de sus retinas comprimiéndolas hasta un 22%. Esta habilidad no es producto de la genética heredada ya que uno de los investigadores *Anna Gislén*, en Suecia, ha enseñado a niños a ver bajo el agua de la misma forma a través de un entrenamiento que modifica los circuitos del cerebro. Ahora vamos a una actividad cultural: por ejemplo un pianista que interpreta a *Fran Liszt* debe tocar cerca de 1800 notas por minuto, los investigadores encuentran que a mayor práctica los mapas del cerebro que controlan la mano izquierda crecen y las neuronas y mapas que responden al sonido de las cuerdas aumentan. Algunos estudios revelan que una persona que se coloca unos antejos que invierten las imágenes y ve el mundo al revés su cerebro se reajusta y puede inclusive leer libros percibiéndolos al revés, cuando se quita estos lentes la persona ve el mundo como si estuviera al revés hasta que se reajusta de nuevo su cerebro. En todas las culturas sus miembros tienden a compartir actividades comunes "las actividades significativas de la cultura". Las actividades significativas son diferentes a las actividades humanas comunes como podrían ser ver, oír, caminar que son compartidas por toda la humanidad. Las actividades significativas son aquellas que requieren entrenamiento y una experiencia cultural y conllevan al desarrollo de un circuito especial en el cerebro.

Merzenich, investigador, menciona que "nuestros cerebros son diferentes a todos aquellos cerebros humanos que nos preceden, cambios masivos están asociados con nuestras especializaciones contemporáneas". Antes de ser descubierta la neuroplasticidad en el cerebro los científicos pensaban que sólo la evolución de las especies podían modificarlo cosa que tomaría miles de años. Con estas investigaciones de la neuroplasticidad del cerebro podemos entender nuestra diversidad y ser tolerantes e inclusivos así como la importancia de la cultura en nuestro medio que puede llevarnos del infierno a la gloria o a la inversa. Los estudios nos hacen ver que la emigración es difícil para el cerebro, el proceso de asimilar otra cultura es una experiencia sumatoria donde se aprenden nuevas cosas haciendo que el cerebro elabore nuevas conexiones en la medida que "adquiere" cultura pero este proceso también sufre de "reducciones" en la medida que aprende va desechando aprendizajes pasados. ¿Cuántas veces criticamos a los paisanos que ignoran el idioma español u olvidan costumbres ancestrales de sus orígenes? Sin entender que es cuestión de adaptación y nuevas conexiones cerebrales. En el simple hecho de cambiarnos de casa descubrimos que algo básico como la percepción del espacio cambia y simples rutinas que desconocíamos que las habíamos adquirido se alteran hasta que el cerebro se reconecta. Cuando hablamos en otras ocasiones del espacio público, del arte, de la organización espacial, de la cultura visual, de la armonía o el caos, de los grupos cerrados y los grupos abiertos, del centro de la ciudad y la periferia no sólo hablamos del efecto en nuestra conducta...hablamos de la modificación de las conexiones en nuestro cerebro que nos llevarán a pautas de percepción que tal vez no deseamos.

Cuando la convivencia no es un discurso

"...además surge otra obligación que, tras el profundo cambio de los marcos tradicionales de la existencia, nos exige comprender mejor al otro, comprender mejor el mundo. Exigencias de entendimiento mutuo, de diálogo pacífico y, por qué no, de armonía, aquello de lo cual, precisamente, más carece nuestra sociedad. Esta posición lleva a la Comisión a insistir especialmente en uno de los cuatro pilares presentados e ilustrados como las bases de la educación. Se trata de aprender a vivir juntos...Una utopía pensarán, pero una utopía necesaria, una utopía esencial para salir del peligroso ciclo alimentado por el cinismo o la resignación." *Jacques Delors*

Hay una gran preocupación por la convivencia en la ciudad, incluso la Organización de Estados Iberoamericanos presenta un documento que constituye la primera aproximación para formular una forma de pedagogía destinada a dar respuesta al gran problema de la convivencia. Se insiste en la necesidad de propiciar nuevos modelos de práctica pedagógica centrados en la convivencia y la diversidad, con un sentido fuertemente formativo y transformador. Salta a la vista la necesidad de un cambio, tanto las actuales prácticas pedagógicas como la sociedad en que ocurren. No pueden seguir como están. *Francisco Tonucci*, autor del libro *Cuando los niños dicen basta*, pregunta: "¿Cómo se comportarían los adultos si unos niños ocupasen un espacio de estacionamiento libre (o una restringida, dispuestos a pagar la tarifa del aparcamiento) para jugar? ¿Reconocerían que los niños han llegado antes, que están ejerciendo un derecho sin duda más reconocido y legalmente protegido que el de aparcar un automóvil? ¿Les expulsarían y, en caso de resistencia, llamarían a la policía? ¿Cómo se comportaría la policía? ¿Recriminaría al adulto por haber molestado a unos ciudadanos en ejercicio de un derecho o expulsaría a los niños amenazándoles incluso con multar a sus padres por ocupación indebida del espacio público? Por ejemplo, en lugar de preguntarnos: "¿queremos aparcamientos o espacios de juego?", debemos hallar la manera de responder a: "¿Cómo se pueden conseguir aparcamientos y a la vez espacios de juego?". Precisamente porque cumple todas estas funciones, el espacio público debe protegerse ante la privatización de los espacios. ¿Qué factores amenazan con privatizar los espacios? el mercado, que presiona sobre unos espacios considerados improductivos, y presiona sobre recalificaciones del terreno, el '"higienismo social" como intento de "limpiar" la ciudad de personas marginales (cerrar los parques por la noche, eliminar los espacios públicos en determinados barrios), la búsqueda de seguridad, que lleva a cerrar un espacio público o sustituirlo por espacios privatizados (ir a pasear por un centro comercial que posee servicio de seguridad, por ejemplo), la utilización desmesurada del automóvil en los desplazamientos, la falta de cultura del espacio público, traducida en restricciones y prohibiciones

(Prohibido jugar a pelota, prohibido pisar el pasto)". El Consejo Ciudadano de Seguridad Pública y Procuración de Justicia del Distrito Federal, en colaboración con las empresas *Philia* e *IKI Gaming*, lanzó en julio 2010 *"Colonia Segura"*, primer juego interactivo, en español, en la red social *Facebook*, con el fin de crear mejores prácticas ciudadanas. La aplicación ya cuenta con más de mil usuarios. Las actividades se realizan con base a distintos tópicos como son: cuidar el agua, consejos de seguridad, separación de residuos sólidos, entre otros. El punto, dicen, es compartir información sencilla con acciones simples para mejorar la convivencia en la ciudad. La seguridad ciudadana es uno de los componentes importantes en el bienestar colectivo porque abarca temas críticos como la violencia y la criminalidad. Toda política tendiente a mejorar los espacios de convivencia de los ciudadanos conlleva resultados positivos en la calidad de vida por medio de logros en tolerancia, respeto y comunicación. El programa en Medellín, Colombia *Cómo Vamos* le hace seguimiento a la seguridad ciudadana y la convivencia mediante indicadores que indagan por el respeto a la vida, el respeto al patrimonio económico ajeno, el nivel de victimización y denuncia y en el caso de la convivencia en la ciudad, se indaga a través de la *Encuesta de Percepción Ciudadana* por la solidaridad, el respeto por minorías de la población, entre otros. El planteamiento del cambio implica, como lo podemos observar, en la capacidad que tengamos para detectar dónde y cómo cambiar. Con pocas esperanzas en nuestro congreso, en el gobierno federal, que esperan que otros gobiernos tomen acciones, como en el reciente caso de la trata de personas en España que tomando como punto de partida los anuncios que ofrecen sexo en los diarios como *El Mundo* ejercen presión para prohibirlos, entonces sí nuestros funcionarios accionan. El tema de la convivencia, del espacio público, requiere análisis y acciones inmediatas. No esperemos a ver qué hacen otros gobiernos, otras ciudades. Para transformar nuestro entorno de manera constructiva, debe, pues, promoverse la responsabilidad, la energía, la creatividad, la acción para formular propuestas y para hacerlas prosperar.

La ciudad como construcción cultural

La ciudad, donde tú vayas irá. *Kavafis*

Es común pensar la ciudad en su totalidad, sobretodo los profesionales del urbanismo. Sin embargo sus habitantes hablan de *su ciudad* a partir de una experiencia de la cercanía, del barrio en que se vive, de su entorno inmediato, el resto lo percibe a través de los medios, o comentarios de sus familiares y vecinos. Un caso especial son los adolescentes en la actualidad, que viven en una forma de enclaustramiento, sobreprotegidos. Separados de una posible experiencia real a través de la ciudad, incluso de la parte prohibida, clandestina u oscura por el espacio irreal de un conjunto de vivienda cerrado, con horarios y rutinas preestablecidas, con los mismos lugares de reunión, con la cita en el centro comercial. La ciudad es un espacio de encuentro enriquecido con la inmigración que la enriquece. Como la ciudad de Roma que en la antigüedad iba incorporando a los ciudadanos de otras regiones como los suyos propios, formando una cultura, una forma política, una forma religiosa representados todos los dioses en su panteón. Por qué se percibe que el espacio público vuelve a estar como tema de actualidad y todos quieren intervenirlo, como sea, todos quieren tomarlo como sea, todos quieren hablar de él aunque no sepan nada de él, el gobierno quiere modificarlo, aún con resultados poco afortunados. Simple, es una reacción que se da cada cierto tiempo en la historia de la ciudad cuando las formas del crecimiento urbano o las prioridades del crecimiento de la ciudad se enfocan a las vialidades y a lo edificado, cuando los espacios se van diluyendo por un vacío en lo social, cuando la ciudad pierde su cualidad de representarse a sí misma. Es una reacción tal vez no reflexionada por muchos, atada con el pasado, siempre se encuentran referencias a éste, así como referencias al futuro. Es una reacción positiva, pensada o no, oportuna, para evitar un desastre urbano. El reto está en generar un diálogo entre las distintas centralidades y la movilidad y hacer del espacio público el hilo conductor que nos lleve a construir lugares productores de sentido. La libertad nos la ha de dar el espacio público y hoy hay temor al espacio público, es un espacio asaltado que no protege ni está protegido. El espacio público no provoca ni genera los peligros, sino que es el lugar adonde se evidencian los problemas de injusticia social, económica y política. La ciudad es un producto cultural, una realización humana compleja y significante, ciudad, cultura, comercio, tecnología son términos etimológicamente e históricamente unidos. En un encuentro sobre la ciudad en Barcelona se habla sobre "...el derecho a la centralidad accesible y simbólica, a sentirse orgullosos del lugar en el que se vive y a ser reconocidos por los otros, a la visibilidad y a la identidad, además el disponer de equipamientos y espacios públicos cercanos, es una condición de ciudadanía. También es un derecho de ciudadanía el de la movilidad, ya que supone información e intercambio, oportunidades de formación y de ocupación, posibilidades de acceder a las ofertas urbanas y apropiarse de la ciudad como un conjunto de libertades. Si los derechos de centralidad y de movilidad no son universales, la ciudad no es democrática". Todo esto supone asumir una responsabilidad por la ciudad, construir una ciudad de ciudades en la que el espacio público es un elemento que articula el tejido urbano regional, y es un elemento que cohesiona de manera física y simbólica. Y termino con otro fragmento del poema de *Kavafis*:

Nuevos lugares no hallarás,
No hallarás nuevos mares
La ciudad seguirá

La teoría del juego

"El resultado de la destrucción sistemática de capital social es inevitablemente la cesantía, la marginación social y finalmente la indigencia y la delincuencia forzada"
Manuel Gross Osses

Es difícil de creer hoy en día que aún escuchemos el temor a la igualdad social. Hace poco alguien comentaba que era mejor no atender las necesidades de la población económicamente vulnerable porque pobres habían nacido y pobres se quedarán. ¿Increíble verdad? En pleno siglo XXI. Y en este tema encontré unos apuntes de *Oscar Landerretche*, economista de la Universidad de Chile que clarifican el concepto de equidad: Alguna gente está hablando de Equidad en términos de *Niveles*, o sea, de cuánto gana la gente, y compara brechas entre las personas, habiendo gente con niveles muy distintos de ingreso, consumo o bienestar que otras personas. Hay otras personas que cuando dicen Equidad no están hablando sobre niveles, sino sobre *Oportunidades*, sobre que las personas tengan acceso a oportunidades que les permita colocarse en base a su propio esfuerzo en cualquier punto en la escala social es otra mirada. Y muchas de las confusiones en la discusión pública son porque a veces se está dialogando sobre el tema de Equidad, y uno está hablando sobre niveles y otro sobre oportunidades y eso es una contradicción tremenda, porque el tipo de política que conduce a mejorar lo uno de lo otro, puede ser completamente distinta, incluso contradictorias. Uno podría decir que una sociedad equitativa es una sociedad que tiene rascacielos fantásticos y por otra parte barrios muy pobres, siempre que la persona que nace en un barrio pobre pueda por su propio esfuerzo llegar a vivir en rascacielos, ese sería un tipo de definición de ciudad equitativa. Pero otro tipo de definición, sería que con puros edificios tipo Geo o Urbi, esos cuadrados todos iguales, todos viviríamos en los mismo edificios. Dos definiciones de Equidad que no significan lo mismo. Hay un instrumento clásico de economía política que es la *Teoría del Juego*. La Teoría del Juego es simplemente la teoría de cómo la gente interactúa estratégicamente. Imagínense dos personas que están jugando, el ciudadano X y el ciudadano Y, y que el juego consiste en si cada uno colabora o no colabora. Tienen que decidir independientemente. Si los dos colaboran ganan 4 puntos cada uno. Si los dos no colaboran ganan 1 punto cada uno. Pero si uno no colabora y el otro colabora, el que no colaboró, el malo, el que se portó mal, ese recibe mucho más, el que hizo trampa, gana. *Thomas Schelling*, economista estadounidense, desarrolló mucho la teoría del juego, y daba el ejemplo de la URSS y EEUU en la carrera armamentista: si los dos no se arman el mundo es feliz, si los dos se arman el mundo es más o menos malo, pero si uno de los dos se arma y el otro no se arma, el que se arma, el que hizo la maldad, gana mucho y el otro pierde. Bueno, el resultado es que si miran esa matriz, se darán cuenta de que la mejor respuesta de cada uno de los ciudadanos siempre es no colaborar. Todos estamos metidos en este tipo de trampas todos los días. Por ejemplo, un sistema de transporte como las calafias (microbuses) que paran en la mitad de la calle generando la congestión y la contaminación.

Hasta que me toca a mí, y yo la paro en la mitad de la calle. Porque yo no estoy dispuesto a solventar el bien público. El tema de la equidad es igual, cada uno de nosotros no está dispuesto a tomar las acciones que se requieren para tener una sociedad más igualitaria. Landerretche comenta que debemos tener una discusión sobre cuáles son el tipo de cosas a las que nos vamos a obligar, y el tipo de instituciones que nos van a ayudar a obligarnos a contribuir al bien común, que es la construcción de Equidad. Creo que para las personas que se dedican al urbanismo, los temas de vivienda, esta es una discusión muy real. Es una manera de pensar muy real. Por muy bueno que sea un proyecto de tipo social, si la gente no está organizada ni consciente de lo que está recibiendo, el proyecto puede resultar infructuoso. Si eso lo llevamos a la ciudad como fuente de equidad, tiene que ser equitativa la capacitación de la gente para usar la ciudad. *Colin Camerer,* autor de un libro sobre la teoría del juego, dice que un gran número de autores se han adentrado en la exploración de la interacción estratégica (o la teoría del juego) del mundo en el que vivimos. El trabajo de *T. S. Schelling*, el siempre fresco clásico *El Príncipe de Maquiavelo* y aun la literatura de *W. Shakespeare* son iluminantes contribuciones para quienes deseen mejorar su desempeño estratégico en las diversas facetas de su vida. Es importante que en la cabecera de los economistas y estudiosos de las disciplinas sociales existan libros que les recuerden que el mundo en que vivimos existe y exige decisiones que pueden acabar o preservar muchas vidas.

El espacio subyugado… la teoría del agujero pegajoso

"Lo que se comprende en un abrir y cerrar de ojos no suele dejar huella"
André Gide

Subyugar. *tr.-prnl. Avasallar, sojuzgar, dominar poderosa o violentamente.*

A propósito del taller que se llevó a cabo en el Centro Cultural Tijuana-Cecut por el arquitecto *Arturo Ortiz Struck* denominado *Heterotopías: reflejos de lo cotidiano en el espacio público*, un concepto que elaboró el filósofo *Michel Foucault* que habla de *"el espacio en el que vivimos [...] es un espacio heterogéneo. En otras palabras, no vivimos en una especie de vacío, dentro del cual localizamos individuos y cosas. [...] vivimos dentro de una red de relaciones que delinean lugares que son irreducibles unos a otros y absolutamente imposibles de superponer.".* Éstos son espacios que están ni aquí ni allí, que es simultáneamente físico y mental, por ejemplo el espacio de una llamada telefónica o del momento en que usted se ve en el espejo. Me remito a una definición del espacio que he estado trabajando desde hace un tiempo y que por cierto no había escrito de manera pública: *el espacio subyugado*, el espacio subyugado por la dictadura de lo trivial, el espacio que nunca nos recibe, que pierde su identidad bajo el peso de una velocidad de la que hemos perdido el control. Espacios que han perdido la capacidad del silencio, inhóspitos, como describe el mundo *Josep Quetglas* en *Arquitecturas de la indeterminación*: "Vivimos en un mundo inhóspito. Aquí inhóspito no quiere decir yermo. No estamos en un desierto, a nuestro alrededor no hay ningún campo de ruinas, ningún montón de escombros va creciendo ante nuestros pies. No somos románticos, al contrario: nos sabemos viviendo en un paraíso inagotable, incolmable de objetos y maravillas. Da gozo cuanto hay. Inhóspito quiere decir inhospitalario. Las cosas que hay a nuestro alrededor no nos acogen, no permiten que vayamos hasta ellas para apoyarnos. Son riquísimas, hermosas, vivas, pero no nos aceptan. *Cézanne* decía de las cosas que eran *esféricas*. Él veía esferas, conos y cilindros por todas partes, en cualquier sitio donde enviara su mirada. Un mundo hecho todo él de superficies convexas, de objetos puestos de espaldas, donde no hay abierta ninguna concavidad para recoger la mirada". Parecería un texto que habla del espacio sublime pero en esta forma de representación más bien señala su fin. Un espacio sublime que anuncia su decadencia. Al desconocer la percepción estética del espacio este se vuelve un espacio subyugado, dependiente de su propia percepción. Hay un texto de *Julio Cortázar*, "Teoría del agujero pegajoso" donde encuentro casualmente la clave de lo que denomino el espacio subyugado: "Hasta los quince años no hubo nada. Solamente un agujero rodeado de amor materno y tricotas y tablas de aritmética y partidos de fútbol. Una mañana, el agujero (…) se dio cuenta de que había que hacer algo para no reventar como una pompa de jabón (…) así que se volvió pegajoso (…). Atrapó primero unas pelusitas de aire, después la elegante costumbre de fumar tabaco inglés (…) y el nombre de Ramón (…). Se rodeó de una chaqueta de tweed, se vistió deportivamente y compró gadgets (aparatos) para resolver los problemas de higiene, la cocina, la calefacción, se volvió una autoridad en marcas de jabón de afeitar, la mejor gasolina para autos suecos, la sensibilidad adecuada de la película fotográfica en un día de niebla, se abonó a Times y a Life, se hizo una idea de Picasso, otra de los tocadiscos y las playas de veraneo y la alimentación y ahí va carrera arriba, subjefe, jefe, jefazo. Una voz sonora donde solamente unos pocos adivinan que la sonoridad le viene del agujero". En este texto *Julio Cortázar* nos presenta un cuerpo que existe únicamente en tanto construido por un entramado de discursos sociales. El protagonista absorbe estos discursos que se van adhiriendo sobre su "vacuidad" y falta de cualquier tipo de cuestionamiento hasta finalmente adquirir consistencia corpórea. Observamos aquí a un cuerpo construido exclusivamente a partir de relaciones de docilidad-utilidad. Dependiente como el espacio subyugado. Talleres como el de *Arturo Ortiz Struck* o intervenciones de artistas como la del grupo El *Group de Recherche d'Art Visuel*, denominada "un día en la calle" que presentan así: La *ciudad, la calle, está cubierta por una trama de hábitos y de actos repetidos a diario. Pensamos que la gama de estos gestos rutinarios puede conducir a una pasividad total o crear una necesidad general de reacción. En esa trama de hechos repetidos y previstos de un día de París, queremos provocar deliberadamente una serie de acontecimientos puntuales. La vida de las grandes ciudades podría ser bombardeada de manera masiva (no con bombas), pero sí con situaciones nuevas, solicitando una participación y una respuesta de sus habitantes. No pensamos que nuestra tentativa sea suficiente para quebrar la rutina de un día de semana de París. Puede ser considerada solamente como un simple desplazamiento de situación,* nos abren un momento de reflexión, de pensar el espacio para evitar hablar en el futuro de un mundo sin apoyos, resbaladizo…para evitar hablar del hombre subyugado.

La frontera

"La frontera se corporiza como un espacio de conflicto y de acuerdos, un elemento complejo que adquiere entidad no sólo física sino simbólica"
Patagonia Otra.

Hablar de la frontera desde ella misma es complejo, además de las percepciones distintas de los que vivimos en ella su misma complejidad la hace inatrapable. En un encuentro de la frontera sur, *Patagonia Otra* se comentaba que "La frontera se corporiza mentalmente como un LIMITE: es confín y principio, inclusión y exclusión, tierra de nadie y no lugar: periférica, marginal, desplazada. Pero también es ESPACIO: lugar de intercambio y mestizaje, nebulosa difusa plantada en el límite de las cosas.

Nuevo escenario que aloja el potencial de lo posible y la fragilidad del lugar de la utopía. Cuando la frontera es la representación de la oposición entre sistemas, es casi siempre obscena y trágica, impermeable y sin poros; en cambio, cuando adquiere grosor inevitablemente contempla un espacio interior muy rico, un espacio de tránsito furtivo de confrontación y transculturalidad, una nueva geografía a ambos lados del límite que se redibuja permanentemente como una reconciliación, un gigantesco palimpsesto narrativo que guarda los rastros y huellas de otras vidas y memorias. La frontera se convierte en un punto de encuentro, un espacio donde se define la vida contemporánea. En Tijuana el "otro lado" siempre ha significado una extensión de este "otro lado", cruzamos el límite sin cuidado, de manera natural asimilamos, gozamos, sufrimos, nos integramos bioculturalmente, aún más, podemos vivir por temporadas cortas o largas sin dejar de ser de "este lado". Sin embargo "los otros" nos dan la espalda, nos desconocen, viven asilados perdiendo la oportunidad del encuentro, se pierden la energía creadora de construir caminos. La frontera como punto de partida. Pasar de un país a otro es un concepto que trasciende lo geopolítico y entramos en el territorio de las identidades. La frontera es una oportunidad que los gobiernos pierden, cada acción de gobierno debería marcar una nueva ruta, un modelo cultural, político, social, urbano y económico. Se pierde en aras de seguir lo conocido o lo aparentemente seguro y comprobable, lo fácil por la búsqueda, el cuidado de la imagen por el riesgo de ser el mejor. Vivir en la frontera es vivir en el borde, físico-mental donde se puede elegir la interacción o el encierro en la tierra de nadie. Aunado a esto nos encontramos con las fronteras dentro de la frontera, los límites internos, llámense el mar, la montaña, el muro, el boulevard, el barrio, fronteras internas que marcan una manera distinta de imaginar la ciudad, de vivirla, de recorrerla. Atenuar estas nuevas fronteras nos representa otro esfuerzo que no se puede desconocer. Detrás de la frontera geográfica entre los países nace una cultura distinta a la que impera al interior de cada uno de los países, dentro de las fronteras internas nace una cultura distinta a la que impera dentro de los otros límites y esto se toma poco en cuenta al desarrollar proyectos culturales o sociales. Se ignora lo simbólico, que hay otros sujetos con otros conflictos y dilemas, permeados por otras tradiciones. El cerebro, como lo analizamos en escritos anteriores, crea sus propias conexiones, se modifica físicamente para adaptarse a su entorno y requiere nuevas conexiones en un nuevo entorno y para ello requiere de un proceso de integración a través de procesos netamente culturales. Por ello la insistencia de que el ámbito de la cultura debe permear en los otros ámbitos: social, económico, medio ambiente. Por ello en otros países y ciudades que han entendido esto, aún los proyectos de transporte o seguridad, se convierten en proyectos culturales por que abordados desde esta perspectiva se toman en cuenta los imaginarios, la diversidad y los sueños de un ciudadano en espera de respuestas. Sobretodo en la frontera que va marcando nuevos caminos para el mundo.

CIELO NEGRO
EDITORES
TIJUANA

Estructuras de la memoria
Apuntes desde la ciudad
Armando García Orso
Se terminó de imprimir en
diciembre de 2010